# MÉMORIAL

## DU

## GARDE-CHAMPÊTRE,

### OU

## INSTRUCTION GÉNÉRALE

### ET MÉTHODIQUE

SUR LES ATTRIBUTIONS DU GARDE-CHAMPÊTRE,

AVEC DES MODÈLES D'ACTES.

## 2ᵉ ÉDITION.

## MÈTZ,

CH. DOSQUET, IMPRIMEUR DU ROI

ET DE LA PRÉFECTURE.

## 1829.

# MÉMORIAL

DU

## GARDE-CHAMPÊTRE.

# MÉMORIAL

DU

## GARDE-CHAMPÊTRE,

OU

## INSTRUCTION GÉNÉRALE

ET MÉTHODIQUE

SUR LES ATTRIBUTIONS DU GARDE-CHAMPÊTRE,

AVEC DES MODÈLES D'ACTES ;

Publié par un Sous-Préfet, ancien Conseiller de Préfecture, Chevalier de la Légion d'honneur, Membre-Correspondant de la Société royale et centrale d'agriculture; etc.

## 2ᵉ ÉDITION.

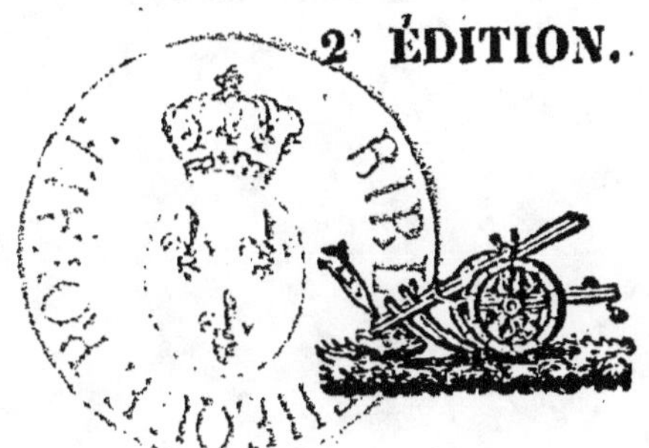

**METZ,**

CH. DOSQUET, IMPRIMEUR DU ROI

ET DE LA PRÉFECTURE.

———

**1829.**

# AVERTISSEMENT.

Ce Mémorial est destiné à faire connaître avec précision et avec clarté aux Gardes-champêtres leurs devoirs et leurs attributions.

Il est indispensable à ces agens; il l'est également aux Juges-de-paix, à leurs Suppléans et à leurs Greffiers, aux Maires et Adjoints, aux Secrétaires des communes, à la Gendarmerie royale, etc.

Il indique aux propriétaires et aux fermiers une foule de dispositions des lois, ordonnances et instructions dont l'application est journalière, mais qui sont disséminées dans un grand nombre d'actes législatifs et réglementaires, puisque nous n'avons pas encore de code unique sur la police rurale. Il donne les dispositions des principaux arrêts de la Cour de cassation, sur lesquels, dans les cas douteux ou non prévus, se fonde la jurisprudence des Tribunaux et des Cours royales. Rien n'a été négligé pour donner aux propriétaires les moyens d'obtenir des Gardes-champêtres une surveil-

lance exacte, et pour soumettre ces agens à
la responsabilité que les lois leur imposent,
et qui, bien souvent, n'offre qu'une trop
faible garantie.

La première édition du *Mémorial* a paru
en 1821 : celle-ci a une étendue double
au moins, quoique l'auteur ne se soit livré
à aucun développement oiseux, et qu'il
ait surtout voulu éviter de mettre un gros
livre entre les mains des Gardes-champêtres.
Un gros livre, d'après la méthode assez
généralement en usage, eût été facile à
faire. Imprimer des lois, des fragmens de
Codes les uns à la suite des autres, puiser
dans le *Recueil de Sirey*, et sans les clas-
ser, des extraits de quelques arrêts de la
Cour de cassation, faire précéder le tout
de trente pages un peu plus méthodiques
sur la police rurale : le volume est fait;
on l'annonce, on le fait prôner; il trouve
çà et là des dupes.

Dans ce petit livre, on a éloigné avec
soin tout ce qui n'était pas positivement
nécessaire aux Gardes-champêtres. Être utile
a été le but de l'auteur, et c'est le devoir

de sa vie entière. En outre, il a fallu,
pour être compris sans efforts, pour ne
pas exposer les lecteurs à de fausses in-
terprétations, que la précision ne nuisît pas
à la clarté; il a fallu que les omissions
observées dans la première édition fussent
réparées, et que celle-ci fût au courant de
la législation rurale, forestière, etc.

Le *Mémorial* de 1821 était précédé d'un
court avertissement pour faire apprécier le
but de l'auteur, en employant son temps à
un travail ingrat, mais qui satisfait à des
devoirs inhérens à ses fonctions :

« Jusqu'à présent, les propriétaires ont
« eu de fréquentes occasions de se con-
« vaincre que ces Officiers de police (les
« Gardes-champêtres), dont le ministère
« est si souvent important, étaient dépourvus
« des notions les plus indispensables.

« En supposant les Gardes-champêtres
« pleins de zèle et de bonne volonté; ils
« s'écartent chaque jour de leurs devoirs,
« faute de les connaître avec assez de pré-
« cision. Les procès-verbaux qu'ils rédi-
« gent sont irréguliers; l'annulation que

« prononcent alors les Maires, les Tribu-
« naux de paix ou de première instance,
« assure l'impunité des délinquans.

« La pensée d'éclairer les Gardes-cham-
« pêtres est donc utile. »

Ces observations sur le défaut d'instruction des Gardes-champêtres ne sont que
trop fondées dans toutes les parties du
royaume. Les procès-verbaux et rapports
sont tellement viciés, soit par l'oubli des
formes légales les plus strictement exigées,
soit par le vague et l'obscurité de la rédaction, que la proportion de leur annulation par les Tribunaux de police est, dans
plusieurs provinces, de *huit actes sur dix*.

La première édition n'a été destinée
qu'au département de la Moselle. Ce manuel,
adopté par le Préfet, M. le comte de Toc-
queville, et mis entre les mains de tous les
Gardes-champêtres et des brigades de gendarmerie, eut promptement un bon résultat.
Les Juges-de-paix s'aperçurent d'une amélio-
ration rapide et au-delà de toute espérance.
Les Gardes-champêtres agirent avec plus de
fermeté et en même temps avec plus de

mesure. Leur *Mémorial*, journellement consulté, comme la *théorie* l'est d'un militaire, ne leur laissait plus d'hésitation sur leurs devoirs ni sur la nature et l'étendue de leur responsabilité. D'un autre côté, les tribunaux de tout le département ayant plus de confiance dans les procès-verbaux et condamnant plus fréquemment les contrevenans, accordaient aussi moins rarement des indemnités à supporter par les Gardes-champêtres négligens ou partiaux, parce que ceux-ci n'avaient plus à objecter leur ignorance comme moyen banal de défense; les causes d'impunité cessèrent. Ainsi, soit pour les Gardes, soit pour les propriétaires ou fermiers exerçant un recours contre eux, un mieux fut évident et non contesté par MM. les Maires et les Juges-de-paix. En éclairant les Gardes sur leurs fonctions, dans lesquelles auparavant ils opéraient en aveugles, on leur en avait rendu l'exercice plus facile. Il devait en résulter et il en résulta en effet plus d'exactitude, d'ensemble et d'uniformité dans l'exécution des lois de police en général, et ensuite des réglemens locaux.

La seconde édition a été préparée pour être applicable à tous les départemens de la France. Le *Mémorial* y répandra, il n'en faut pas douter, les mêmes améliorations. C'est le vœu de l'auteur. Son premier travail, quelque bornée que fût sa destination, a reçu l'approbation du Ministre de l'intérieur et celle de la Société royale et centrale d'agriculture. Cette Société, à laquelle l'auteur s'honore d'appartenir, presse la publication de la seconde édition. Sa demande s'accomplit.

Il dépend maintenant de MM. les Préfets, Sous-Préfets et Maires, de MM. les fonctionnaires de l'ordre judiciaire, etc., d'étendre le bien que doit faire le *Mémorial*, en en généralisant l'usage.

# TABLE

*Des divisions et subdivisions du Mémorial du Garde-champêtre.*


POLICE RURALE. *Définition.* Pag. 1.
POLICE JUDICIAIRE. *Définition.* 2.
Titre I<sup>er</sup>. *GARDES-CHAMPÊTRES.* 3 à 20.
Sect. 1<sup>re</sup>. Chap. 1. Attributions en général. 3.
    2. Mode de nomination. 4.
    3. Incompatibilité. 6.
    4. Commission. *Idem.*
    5. Prestation de serment. 7.
    6. Insignes. 8.
    7. Port d'armes. 9.
    8. Garde nationale. Exemption de service. 10.
    9. Responsabilité. *Idem.*
    10. Poursuites contre les Gardes-champêtres. 11. Plaintes. 12.
    11. Garanties données par les lois. 16.
    12. Subordination. 17. Résidence. 18.
    13. Destitutions. 19.
    14. Avancement. 20.
Sect. 2. *Salaires, etc.* 21 à 32.
    Chap. 1. Traitement annuel. 21.
    2. Indemnités de déplacement. 23.

3. Gratifications pour arrestations. 26 à 31.

Condamné aux fers, évadé de prison. 27.

Condamné aux fers, évadé d'un bagne. 28.

Soldat réfractaire ou déserteur. *Idem.*

Déserteurs étrangers. 29.

4. Portion des amendes en matière de grande voirie. 31.

5. Aucune portion des amendes rurales ou correctionnelles. *Idem.*

6. Saisie du 5ᵉ du traitement. 32.

Sect. 3. *Procès-verbaux et rapports.* 33 à 40.

Chap. 1. Timbre. 33.

Papier visé pour timbre. *Idem.*

2. Enregistrement. 34.

3. Affirmation. 36.

4. Les procès-verbaux font foi en justice. 39.

5. Délai pour la remise des procès-verbaux. 40.

Sect. 4. *Attributions et relations diverses.* 41 à 70.

Chap. 1. Devoirs et attributions comme officiers de police judiciaire. 41.

Dénonciations des délits et des contraventions. 45.

2. Relations avec la Gendarmerie. 46.

3. Relations avec les Gardes-forestiers et les Gardes-pêche. 49.

4. Relations avec divers services administratifs. 51.

§. 1. Douanes. *Idem.*

§. 2. Contributions indirectes. 56.

    *a.* Tabacs. 57.

    *b.* Octrois. 61.

    *c.* Poudres à feu. *Idem.*

    *d.* Cartes à jouer. 62.

    *e.* Indicateurs de fraudes ou contraventions. *Idem.*

§. 3. Cadastre.

    *a.* Arpentage. 63.

    *b.* Expertise cadastrale. 64.

§. 4. Poids et Mesures. 65.

5. Aide et main-forte aux huissiers. 67.

6. Saisie des récoltes sur pied. 68.

7. Mise en fourrière d'animaux trouvés en délits. 70.

Sect. 5. *Police rurale, proprement dite.* 71 à 77.

Chap. 1. Récoltes. 71.

2. Parcours et vaine pâture. 72.

3. Réserve des prairies. 73.

4. Echenillage des arbres et haies. *Idem.*

5. Ban des vendanges. 75.

6. Gardes des vignes. 77.

Sect. 6. *Police de sûreté.* 78 à 83.

    Chap. 1. Mendicité. 78.

    2. Surveillance des étrangers. 79.

    3. Forçats libérés. *Idem.*

    4. Soldats retardataires ou dé-serteurs. 80.

    5. Incendies. *Idem.*

    6. Bâtimens menaçant ruine. 83.

Sect. 7. *Chasse.* 84 à 97.

    Chap. 1. Police de la chasse. 84.

    2. Port d'armes de chasse. 88.

    3. Louveterie. 93.

    4. Traques. 94.

    5. Primes. 95.

    6. Appâts empoisonnés. *Idem.*

Sect. 8. *Police de la pêche.* 98 à 103.

Sect. 9. *Police des subsistances.* 104 à 107.

    Chap. 1. Libre circulation des grains. 104.

    2. Commerce des grains. 105.

    3. Transport des grains hors du royaume. 106.

Sect. 10. *Police de salubrité.* 108 à 116.

Chap.  1. Établissemens à odeur insa-
           lubre ou incommode. 108.
        2. Inhumations. 110.
        3. Epizooties ou maladies du bé-
           tail. 112.
        4. Enfouissement des animaux
           morts. 115.
Sect. 11. *Chemins communaux.* 117 à 119.
Sect. 12. *Surveillance et concours pour les parties
           appartenant au service de la direc-
           tion générale des ponts et chaussées
           et des mines.* 120 à 136.
        Chap.  1. Grande voirie. 120.
             2. Police du roulage. 122.
             3. Police des voitures publiques.
                123.
             4. Police des routes. 126.
             5. Police des cours d'eau. 127.
             6. Chaussées du Rhône. 129.
             7. Digues et travaux de dessé-
                chement. 130.
             8. Chemins de halage. *Idem.*
             9. Bacs et bateaux de passage. 131.
            10. Mines, minières, tourbières et
                carrières. 134.
Sect. 13. *Concours de surveillance pour les cons-
           tructions près des villes et places
           fortifiées.* 137 à 146.

Chap. 1. Servitudes imposées aux propriétés pour la défense de l'état. 137.

2. Plan de circonscription des places fortes. 144.

Titre II. *APPARITEURS DE POLICE*. 147. *Afficheurs*. 172.

Titre III. *GARDES PARTICULIERS*. 173.

Titre IV. *OBSERVATIONS ESSENTIELLES ET GÉNÉRALES SUR LA RÉDACTION DES PROCÈS-VERBAUX ET RAPPORTS DES GARDES-CHAMPÉTRES*. 178.

Titre V. *MODÈLES D'ACTES*. 182.

1. Plantation de tabac, faite en contravention aux lois. 183.

2. Poids et mesures. — Contravention aux lois et réglemens sur leur usage exclusif. 185.

3. Chevaux pâturant en délit. 190.

4. Chevaux et poulains en pâture dans des prés mis en réserve, après la première récolte. 192.

5. Parcours et vaine-pâture, avant le temps permis. 194.

6. Renversement de terres labourées. 196.

7. Fossé commun, comblé. 200.

8. Passage de voitures et de chevaux à travers des récoltes. 202.

9. Pré fauché en délit. — Visite domiciliaire. 205.

10. Vol de fruits. — Bris de branchages. 208.

11. Gerbes enlevées nuitamment. 209.

12. Enlèvement de terre dans un pâtis communal. — Injures verbales. 212.

13. Glanage et ratelage, défendus avant l'entier enlèvement des récoltes. 215.

14. Échenillage. 217.

15. Délits dans les vignes. 218.

16. Procès-verbal d'arrestation de déserteurs. 220.
Mémoire de frais. 222.

17. Excavation sur la voie publique, sans mesures de précaution. 223.

18. Divagation d'animaux malfaisans. 225.

19. Feu allumé dans les champs à une distance prohibée. 227.

20. Bâtiment menaçant ruine. 231.

21. Délit de chasse. 233.

22. Traques pour la destruction des loups. 235.

23. Porcherie établie dans l'intérieur d'un village. 238.
24. Usurpation de chemin communal. 242.
25. Sentier public usurpé. 244.
26. Arbres cassés sur un chemin communal. — Contravention d'un voiturier qui ne se tient pas à portée de ses chevaux. 247.
27. Délit de grande voirie. 251.
28. Police du roulage. 253.
29. Terrain fouillé pour extraire des matériaux destinés à la réparation et à l'entretien des routes. 260.
30. Barrage dans un ruisseau. 264.
31. Dommages causés par les eaux d'un moulin. 267.
32. Bacs et bateaux. — Excès de chargement. — Mauvais état du bac. — etc. 270.

Concordance des deux calendriers. 272.
Conversion des anciennes mesures en nouvelles. 274.
Punition d'un Garde-champêtre. 277.
Table analytique et très-détaillée des matières. 281.

# MÉMORIAL

DU

## GARDE-CHAMPÊTRE,

OU

### INSTRUCTION GÉNÉRALE ET MÉTHODIQUE

#### SUR LES ATTRIBUTIONS DU GARDE-CHAMPÊTRE.

## POLICE RURALE.

### *Définition.*

1. La conservation des récoltes est mise sous la surveillance et la garde de tous les bons citoyens. (Article 11 de la loi du 8 juillet 1795.)

Ainsi tout habitant qui est témoin ou qui a connaissance d'un délit qui attente à la conservation des récoltes, est obligé par la loi d'en informer sans délai les agens de la police rurale ou les autorités, appelés à constater ou à punir ces délits.

2. Les Maires sont chargés de faire jouir les habitans des avantages d'une bonne police. (Art. 50 de la loi du 19 décembre 1790.)

3. « La police des campagnes est spécia-
« lement sous la jurisdiction des Juges-de-
« paix et des Officiers municipaux ( *les*
« *Maires et les Adjoints* ), et sous la sur-
« veillance des Gardes-champêtres et de la
« gendarmerie. » (Art. 1$^{er}$, tit. 2 de la loi du
6 octobre 1791. — Art. 13, titre 2 de la loi
du 16 février 1800.)

## POLICE JUDICIAIRE.

### *Définition.*

4. « La police judiciaire recherche les
« crimes, les délits et les contraventions,
« en rassemble les preuves et en livre les
« auteurs aux tribunaux, chargés de les
« punir. » (Art. 8 du Code d'instruction
criminelle.)

Au nombre des fonctionnaires chargés d'exercer la police judiciaire, sont les Gardes-
champêtres. (Art. 9 du même Code.)

# TITRE Ier.

## GARDES-CHAMPÊTRES.

5. Il y a dans chaque commune au moins un GARDE-CHAMPÊTRE pour assurer les propriétés et garder les récoltes. (Titre 1er de la loi du 6 octobre 1791, art. 1er de la section 7.)

## SECTION Ire.

### CHAPITRE 1er.

### *Attributions en général.*

6. Un Garde-champêtre ne doit jamais perdre de vue la double attribution que lui confère la loi.

Comme Garde-champêtre, il assure les propriétés et garde les récoltes.

Comme agent de police judiciaire, il recherche les délits et les contraventions de police, qui auraient porté atteinte aux propriétés rurales. ( Art. 161 du code d'instruction criminelle. )

Il peut aussi avoir des attributions spéciales, lorsque l'autorité lui confère la commission d'Appariteur de police.

Enfin, il est considéré comme un agent de la force publique. A ce dernier titre, il a des devoirs à remplir et reçoit des lois une garantie spéciale. (Arrêts de la Cour de cassation, des 19 juin 1818 et 9 septembre 1819.)

7. « Plusieurs municipalités peuvent choi-« sir et payer le même Garde, et une « commune peut en avoir plusieurs. »

« Dans les municipalités où il y a des « Gardes établis pour la conservation des « bois, ils peuvent remplir les deux fonc-« tions. » (Art. 2 de la section 7, titre 1$^{er}$ de la loi du 6 octobre 1791.)

8. Le Conseil municipal détermine s'il y a lieu d'avoir un ou plusieurs Gardes-champêtres et le temps pour lequel ces Gardes sont établis.

## CHAPITRE 2.

### *Mode de Nomination.*

9. Le choix des Gardes-champêtres est fait par le Maire et approuvé par le Conseil

municipal. ( Art. 1er de l'ordonnance du 29 novembre 1820. )

10. Pour pouvoir être Garde-champêtre, il faut,

1° De même que les Gardes-forestiers, être âgé au moins de 25 ans. (Art. 5 de la section 7, titre 1er de la loi du 6 oct. 1791.)

2° Avoir satisfait au recrutement.

3° Jouir des droits civils, attachés à la qualité de Français : à peine de nullité de leurs procès-verbaux, rapports ou autres actes.

11. Un Garde-champêtre ne peut être choisi que parmi les citoyens dont la probité et le zèle sont généralement reconnus. ( Art. 2 de la loi du 8 juillet 1795. )

La même loi recommande de les prendre parmi les vétérans et autres anciens militaires.

Ces militaires devront être en état de mener une vie très-active. ( Art. 8 du décret du 8 mars 1811. )

D'après ces dispositions, les choix ne peuvent se porter sur ceux que la loi déclare indignes de concourir au recrutement )

« Sont exclus et ne pourront à aucun titre
« servir dans les armées françaises, les re-
« pris de justice, les vagabonds et gens
« sans aveu, déclarés tels par jugement. »
( Art. 2 de la loi du 10 mars 1818. )

## CHAPITRE 3.

### *Incompatibilité.*

12. Aucun individu ne peut exercer ni
concourir à l'exercice d'une autorité chargée
de la surveillance médiate ou immédiate
des fonctions qu'il exerce dans une autre
qualité. ( Art. 1er du titre 2 de la loi du
16 octobre 1795. )

Ainsi, un Garde-champêtre ne peut pas
être membre du Conseil municipal, et à
plus forte raison, ni Maire ni Adjoint.

## CHAPITRE 4.

### *Commission.*

13. L'individu réunissant les qualité légales
pour être Garde-champêtre, reçoit une commission du Sous-Préfet de l'arrondissement,
au vu de la désignation faite par le Maire

et de la délibération prise par le Conseil municipal pour agréer ce choix. ( Art. 1er de l'ordonnance du 29 novembre 1820. )

Cette commission est écrite ou imprimée sur du papier timbré.

## CHAPITRE 5.

### *Prestation de Serment.*

14. Avant tout exercice de ses fonctions, un Garde-champêtre doit se présenter au Juge-de-paix du canton.

Ce Magistrat lui fait prêter serment de veiller à la conservation de toutes les propriétés qui sont sous la foi publique, et de toutes celles dont la garde lui aura été confiée par l'acte de sa nomination. ( Art. 5, section 7 du titre 1er de la loi du 6 octobre 1791. — Instruction de Son. Exc. le ministre de l'intérieur, du 25 juillet 1818.)

15. L'acte de prestation de serment d'un Garde-champêtre est assujetti à un droit fixe de trois francs pour enregistrement ( No 3 du § 3 de l'art. 68, titre 10 de la loi du 12 décembre 1798), et au décime pour franc.

16. La mention de la prestation est mise en marge de la commission par le Greffier de la justice-de-paix et signée par lui, sans autres frais.

17. Un Garde-champêtre entré en exercice de ses fonctions sans avoir prêté le serment, pourra être poursuivi et sera puni d'une amende de seize francs à cent cinquante francs, conformément à l'art. 196 du Code pénal.

18. Tout acte dressé par lui avant cette prestation est radicalement nul.

19 Un procès-verbal ne peut être annullé pour défaut de mention de la réception du Garde qui l'a dressé. ( Arrêt de la Cour de cassation, du 18 février 1820.)

## Chapitre 6.

### *Insignes.*

20. Pour insigne dans l'exercice de ses fonctions, il doit avoir sur le bras une plaque de métal ou d'étoffe, portant ces mots : LA LOI, le nom de la municipalité et celui du Garde. (Art. 4, section 7 du titre 1er de la loi du 6 octobre 1791.)

Cette plaque, fournie par la Commune, est retirée par le Maire, en cas de destitution ou de cessation de fonctions, par quelque cause que ce soit.

## Chapitre 7.

### *Port - d'armes.*

21. « Dans l'exercice de leurs fonctions, « les Gardes-champêtres pourront porter « toutes sortes d'armes qui seront jugées « leur être nécessaires, par le Directoire du « département ( *le Préfet* ). » ( Art. 4, section 7 du titre 1er de la loi du 6 octobre 1791.)

Ils pourront être autorisés par le Sous-Préfet à avoir un fusil de guerre. ( Art. 2 de l'ordonnance du 24 juillet 1816.)

22. Les Gardes-champêtres ne peuvent, sous aucun prétexte, vendre, échanger ou mutiler leurs armes, sous peine d'une punition correctionnelle à l'amende et à l'emprisonnement, outre la confiscation des armes. ( Art. 4 de la même ordonnance.)

23. Lorsque ces armes sont hors de ser-

vice, elles doivent être versées dans les arsenaux.

## CHAPITRE 8.

### *Garde nationale. — Exemption de service.*

24. Les Gardes-champêtres sont dispensés du service de la garde nationale. ( Art. 26 de l'ordonnance du 17 juillet 1816. — Instruction du ministre de l'intérieur, du 15 novembre suivant. )

## CHAPITRE 9.

### *Responsabilité.*

25. Les Gardes-champêtres demeurent responsables des dommages, dans le cas où ils ne les auraient pas constatés dans les vingt-quatre heures. (Art. 7, sect. 7 du titre 1er de la loi du 6 octobre 1791.)

26. Les Gardes-champêtres condamnés à payer les dommages non constatés, conservent leur recours contre les délinquans.

27. Les Juges-de-paix ou les Maires, ou toute autre autorité appelée, suivant la compétence déterminée par les lois, à connaître

de la validité des rapports des Gardes-champêtres, les jugent soit dans la forme, soit au fond.

Ainsi, ils les annullent quand ils ne contiennent pas les formes prescrites ; et ils n'y ont pas égard quand ces rapports sont vagues ou obscurs, ou qu'ils sont atténués par la preuve contraire, qui est toujours admissible à l'égard de ces actes.

28. Un tribunal de police sort du cercle de ses attributions toutes les fois qu'il prononce une nullité qui n'est pas établie par la loi.

En créant une nullité sans y être autorisé par aucune loi, un tribunal excède les bornes de son pouvoir et viole les règles de compétence. (Arrêt de la Cour de cassation, du 13 février 1824.)

## CHAPITRE 10.

*Poursuites contre les Gardes-champêtres.*

29. Un Tribunal de police ne peut pas punir un Garde-champêtre, soit par des condamnations aux dépens, soit de toute

autre manière, pour avoir fait des rapports faux ou inexacts.

C'est au Procureur du Roi (Art. 17 du Code d'instruction criminelle) qu'appartient exclusivement le droit de faire poursuivre les Gardes, à raison des fautes, des délits ou des crimes qu'ils commettent dans leurs fonctions. (Arrêt de la Cour de cassation, du 4 octobre 1811. — Art. 479, 483 et suiv. du Code d'instruction criminelle.)

Cet article est fortifié par celui-ci : « Un « Garde-champêtre ne peut être condamné « d'office aux frais d'un procès-verbal dé- « claré nul, soit parce que le Tribunal n'est « compétent que pour prononcer sur des « contraventions de police, soit parce que « le Garde-champêtre, en sa qualité d'of- « ficier de police judiciaire, ne peut être « poursuivi, à raison des fautes et malver- « sations commises dans ses fonctions, que « par le Procureur du Roi. » (Arrêt de la Cour de cassation, du 20 août 1812.)

### Plaintes.

30. Les plaintes auxquelles un Garde-

champêtre peut donner lieu dans l'exercice de ses fonctions, pour négligence, partialité, connivence avec les délinquans, etc., sont portées devant le Maire, qui y donne des suites; sauf le recours au Sous-Préfet de l'arrondissement, de la part du plaignant ou de la part du Garde; et sauf l'intervention du Procureur du Roi, lorsqu'il y a lieu.

31. Les Gardes-champêtres ne sont pas placés dans la classe des fonctionnaires publics qu'on ne peut mettre en jugement sans autorisation préalable du Gouvernement, (Arrêt de la Cour de cass. du 19 août 1818.)

32. Les Gardes-champêtres étant Officiers de police judiciaire (art. 9 du Code d'instruction criminelle), ils sont traduits directement devant les Cours royales pour les délits qu'ils sont prévenus d'avoir commis dans l'exercice de leurs fonctions. (Art. 479, 483 et suiv. du même code.)

Ces délits sont poursuivis et jugés sans qu'il puisse y avoir appel.

33. Un Garde-champêtre qui, dans des vues d'intérêt particulier, s'abstiendrait de dresser un procès-verbal contre un délin-

quant, ou transigerait après la rédaction du procès-verbal, se rendrait applicable l'article 177 du Code pénal :

« Art. 177. Tout fonctionnaire public de
« l'ordre administratif ou judiciaire, tout
« agent ou préposé d'une administration
« publique, qui aura agréé des offres ou
« promesses, ou reçu des dons ou présens,
« pour faire un acte de sa fonction ou de
« son emploi, même juste, mais non sujet
« à salaire, sera puni du carcan et con-
« damné à une amende double de la valeur
« des promesses agréées ou des choses re-
« çues, sans que ladite amende puisse être
« inférieure à deux cents francs. »

« La présente disposition est applicable
« à tout fonctionnaire, agent ou préposé
« de la qualité ci-dessus exprimée, qui,
« par offres ou promesses agréées, dons
« ou présens reçus, se sera abstenu de faire
« un acte qui entrait dans l'ordre de ses
« devoirs. »

34. Les articles 434 à 461 du Code pénal concernent divers délits de police correctionnelle.

L'art. 462 porte : « Si les délits de police
« correctionnelle dont il est parlé au pré-
« sent chapitre, ont été commis par des
« Gardes-champêtres ou forestiers, ou des
« officiers de police, à quelque titre que
« ce soit, la peine d'emprisonnement sera
« d'un mois au moins, et d'un tiers au
« plus en sus de la peine la plus forte
« qui serait appliquée à un autre coupable
« du même délit. »

35. Un Garde-champêtre ne peut se
dispenser de constater un délit ou une contravention, sous le prétexte que la partie
lésée renonce à se plaindre ou est satisfaite.
Voici le principe admis à cet égard par la
Cour de cassation : « Toute contravention
« de police donne lieu à l'exercice de l'action
« publique pour l'application de la peine,
« sauf à la partie lésée à exercer l'action
« civile en réparation du préjudice causé
« par la contravention : la renonciation à
« l'action civile ne peut empêcher ou sus-
« pendre l'exercice de l'action publique. »
( Arrêt du 11 juin 1813. )
Ce principe est également consacré dans

une instruction du Ministre de la justice, en date du 15 décembre 1806, portant : » Dans « aucun cas, il ne peut être fait de trans- « action sur délits constatés par les Gardes- « champêtres; l'amende encourue pour ces « sortes de délits doit être prononcée par « jugement; les Procureurs du Roi doivent « poursuivre comme prévaricateurs les Gar- « des et autres fonctionnaires publics qui « auraient négligé de remettre les procès- « verbaux ou qui auraient pris des arran- « gemens avec les délinquans. »

### CHAPITRE II.

### *Garanties données par les lois.*

36. Les lois, sévères envers les Gardes-champêtres, lorsqu'ils s'écartent de leurs devoirs ou des règles de l'honneur, leur accordent aussi une protection spéciale dans les articles 209 et suivans du Code pénal.

L'article 209 porte : « Toute attaque, « toute résistance avec violence et voies « de fait envers.... les Gardes-champêtres.... « agissant pour l'exécution des lois, des « ordres ou ordonnances de l'autorité publi-

« que........... est qualifiée, selon les circons-
« tances, crime ou délit de rébellion. »

L'article 230 du même Code est également applicable aux Gardes-champêtres
considérés comme agens de la force publique. ( Arrêts de la Cour de cassation,
des 19 juin 1818 et 9 septembre 1819.)

## CHAPITRE 12.

### *Subordination.*

37. Tout Garde-champêtre, tout appariteur est, quant à son service, sous les
ordres du Maire de la commune; tout son
temps est sans réserve à l'administration. Il
est également sous les ordres de l'Adjoint,
quand le Maire est absent ou empêché, ou
lorsque cet Adjoint a reçu pour la police
une délégation spéciale. Mais un Maire ni
un Adjoint ne peuvent rien commander à
un Garde-champêtre pour leur service personnel ou pour leur intérêt particulier.

L'autorité locale doit éviter de l'employer
comme piéton habituel de la commune,
parce que des absences fréquentes et à des

heures connues à l'avance favorisent les délits et les contraventions de police.

38. Les Gardes-champêtres doivent prier le Maire de leur donner connaissance des lois, ordonnances, instructions et arrêtés, qui sont relatifs à leurs attributions.

Parmi ces arrêtés, il en est dont la publication est renouvelée chaque année : échenillage, ouverture de la chasse, clôture de la chasse, mise en réserve des prairies, ban de vendange, etc.

### Résidence.

39. Un Garde-champêtre est tenu à résider pendant toute la durée de ses fonctions, dans le lieu où il les exerce, s'il n'en est pas dispensé pour des causes approuvées. (Art. 1er de la loi du 12 septembre 1791.)

Les causes ne peuvent être approuvées et la dispense accordée que par... *le Sous-Préfet*, sur la proposition du Maire. (Article 12 de la même loi.)

## CHAPITRE 13.

### *Destitutions.*

40. Le changement ou la destitution d'un Garde-champêtre ne peut être prononcé que par le Sous-Préfet, autorité qui l'a commissionné; l'arrêté est pris sur l'avis du Maire et du Conseil municipal.

Avant de mettre son arrêté à exécution, le Sous-Préfet le soumet à l'approbation du Préfet. (Article 2 de l'Ordonnance du 29 novembre 1820.)

La destitution est notifiée par le Maire, au moyen de la remise de l'arrêté.

41. Un Garde-champêtre qui continue, après cette notification, l'exercice de son emploi, devient passible de l'article 197 du Code pénal (*).

(*) « Tout fonctionnaire public révoqué, des-
« titué, suspendu ou interdit légalement, qui,
« après en avoir eu la connaissance officielle, aura
« continué l'exercice de ses fonctions, ou qui,
« étant électif ou temporaire, les aura exercées
« après avoir été remplacé, sera puni d'un em-
« prisonnement de six mois au moins, et de deux

## CHAPITRE 14.

### *Avancement des Gardes-champêtres.*

42. Les Sous-Préfets, après avoir pris l'avis des Maires et des Officiers de gendarmerie, désigneront aux Préfets, et ceux-ci à l'administration forestière, ceux d'entre les Gardes de leurs arrondissemens et de leurs départemens respectifs, qui, par leur bonne conduite et par leurs services, mériteront d'être appelés aux fonctions de Gardes-forestiers. (Art. 7 du décret du 11 juin 1806. — Circulaire minist. du 8 août suivant.)

« ans au plus, et d'une amende de 100 francs à
« 500 fr. Il sera interdit de l'exercice de toute
« fonction publique pour cinq ans au moins et
« dix ans au plus, à compter du jour où il aura
« subi sa peine; le tout sans préjudice des plus
« fortes peines portées contre les Officiers ou les
« Commandans militaires, par l'article 93 du pré-
« sent Code. »

# SECTION II.

## CHAPITRE 1er.

### *Traitement annuel.*

43. Le salaire annuel de chaque Garde-champêtre est déterminé par le Conseil municipal. (Art. 3 de la section 7 du titre 1er de la loi du 6 octobre 1791.)

Cette fixation doit être portée dans le budget annuel ou faire l'objet d'une délibération spéciale ; elle ne s'exécute que d'après l'autorisation du Préfet.

Ce salaire est au rang des charges communales. (Art. 8, n° 9 de la loi du 1er décembre 1798.)

Dans le cas où les communes n'auraient pas de fonds suffisans pour y pourvoir, la dépense doit être supportée par les propriétaires de fonds non clos (*), au prorata de la contribution foncière.

(*) On ne doit entendre par clôtures non sujettes à la garde champêtre que les propriétés qui sont closes de murs. (Instruction ministérielle du 18 mai 1818.)

En ce cas, il est dressé par le Maire, du consentement de ces propriétaires, un rôle de cotisation volontaire, lequel est mis en recouvrement par le Percepteur, après avoir été rendu exécutoire par le Préfet.

S'il y a dissidence entre les propriétaires pour la rédaction ou pour le recouvrement de ce rôle, la dépense est votée conformément à l'art. 39, titre 5 de la loi du 16 mai 1818, par le Conseil municipal doublé, c'est-à-dire que l'on adjoint aux dix conseillers un nombre égal de propriétaires, choisis parmi les plus imposés de la commune. Le rôle est rédigé par le Directeur des contributions directes.

44. Le Garde-champêtre jouit du traitement fixé, à compter du jour de la prestation de serment entre les mains du Juge-de-paix; il en est payé par le Percepteur-receveur municipal sur les mandats du Maire, par trimestre et à l'expiration de chacun.

Le mandat du Maire est délivré sur papier libre; la quittance donnée au Percepteur par le Garde-champêtre est également exempte du timbre, lorsque le traitement

de celui-ci n'excède pas trois cents francs,
par année.

## CHAPITRE 2.

### *Indemnité de déplacement.*

45. « Il est accordé des indemnités....
« aux Gardes-champêtres et forestiers, lors-
« qu'à raison des fonctions qu'ils doivent
« remplir, et notamment dans le cas prévu
« par l'article 20 du Code d'instruction
« criminelle..... (*), ils sont obligés de
« se transporter à plus de deux kilomètres
« de leur résidence, soit dans le canton,
« soit au-delà. » ( Art. 90 du décret du
18 juin 1811.)

46. « Cette indemnité est fixée, pour les
« Gardes-champêtres et forestiers, à 1 franc
« 50 centimes pour chaque myriamètre par-
« couru en allant et revenant. » ( Art. 91.)

« *L'indemnité est portée à deux francs*
« *pendant les mois de novembre, décem-*
« *bre, janvier et février.* » ( Art. 94.) (**).

(*) Voyez page 39.
(**) Cette augmentation n'existe plus ; elle a été
supprimée par l'article 4 du décret du 7 avril 1813.

« Lorsqu'ils sont arrêtés dans le cours
« de leur voyage, par force majeure, les
« Gardes-champêtres recevront en indem-
« nité, pour chaque jour de séjour forcé,
« un franc 50 centimes. »

« Ils doivent faire constater par le Juge-
« de-paix ou par un suppléant, ou par le
« Maire, ou, à son défaut, par un adjoint,
« la cause du séjour forcé en route, et en
« représenter le certificat à l'appui de leur
« demande en taxe. » (Art. 95 du même
décret.)

47. Il n'est dû aucun frais de voyage
aux Gardes-champêtres..... tant pour la
remise qu'ils sont tenus de faire de leurs
procès-verbaux, conformément aux articles
18 et 20 du Code d'instruction criminelle,
que pour la conduite des personnes par eux
arrêtées, devant l'autorité compétente.

Mais lorsque ces Gardes seront appelés
en justice, soit pour être entendus comme
témoins, lorsqu'ils n'auront pas dressé de
procès-verbaux, soit pour donner des ex-
plications sur les faits contenus dans les
procès-verbaux qu'ils auront dressés, ils

auront droit aux mêmes taxes que les témoins ordinaires...... (Art. 3 du décret
du 7 avril 1813.)

48. Lorsqu'un Garde-champêtre a été
établi gardien d'une saisie de récoltes sur
pied, son salaire est toujours calculé d'après
le nombre de jours qu'a duré la garde; il
lui est alloué pour chaque jour 75 centimes.
(Art. 15 du décret du 16 février 1811.—
Art. 628 du Code de procédure civile.)

49. La taxe des témoins ordinaires est
moins forte que celle qui est accordée aux
Gardes-champêtres, en cette dernière qualité.

En outre, l'indemnité de voyage n'est
due au témoin ordinaire que lorsqu'il y a
plus de deux myriamètres entre sa demeure
et le lieu où l'on fait l'enquête (*). (Art.
167 du décret du 16 juin 1811.)

(*) « Il sera taxé au témoin, à raison de son
« état et de sa profession, une journée pour sa
« déposition; et, s'il n'a pas été entendu le pre-
« mier jour pour lequel il aura été cité, dans le
« cas prévu par l'article 267, il lui sera passé
« deux journées, indépendamment des frais de

# CHAPITRE 3.

## *Gratifications pour arrestations.*

5o. Les Gardes-champêtres reçoivent du Gouvernement ( * ) une gratification pour l'arrestation d'un soldat réfractaire, d'un militaire déserteur, d'un condamné évadé, conformément aux dispositions ci-après :

« Les Gardes-champêtres qui arrêteront « des soldats réfractaires, des déserteurs, « des hommes évadés des galères ou autres « individus, recevront la gratification ac- « cordée par les lois à la gendarmerie. » (Art. 6 du décret du 11 juin 1806.)

« voyage, si le témoin est domicilié à plus de « deux myriamètres du lieu où se fait l'enquête.

« Le *maximum* de la taxe du témoin sera de « dix francs, et le *minimum* de deux francs. »

Les frais de voyage sont fixés à trois francs par myriamètre pour l'aller et le retour. (Art. 167 du décret du 16 juin 1811.)

(*) Les autorités civiles et particulièrement les Maires et les Sous-Préfets sont appelés à concourir à l'arrestation des déserteurs, et ils feront appuyer au besoin la gendarmerie par les gardes nationales. (Art. 7 de l'ordonnance du 8 août 1814.)

Pour obtenir cette gratification, les Gardes-champêtres doivent constater l'arrestation qu'ils font d'un soldat réfractaire ou déserteur, par un procès-verbal, annonçant la capture de l'individu et contenant ses nom et prénoms, le lieu de son domicile, le canton et le département auxquels il appartient, ainsi que le n° du régiment et la désignation de l'arme. Ce procès-verbal doit en outre faire connaître les motifs qui ont porté l'individu à ne pas rejoindre son corps ou à déserter.

Le procès-verbal doit être transmis au Préfet, avec un certificat du commandant de la gendarmerie, attestant la remise qui lui a été faite du déserteur et la destination qu'il a reçue; sur la remise des pièces, l'Intendant militaire fait payer la gratification.

*Condamné aux fers, évadé de prison.*

51. « En cas de reprise d'un condamné
« aux fers ou à la détention, évadé d'une
« prison, il sera alloué en gratification à
« tout individu qui aura arrêté et amené

« ce condamné, cent francs, s'il est repris
« hors des murs de la ville où il était dé-
« tenu, et cinquante francs, s'il est repris
« dans la ville. » (Art. 1<sup>er</sup> de l'arrêté du
9 mars 1804.)

### *Condamné aux fers, évadé d'un bagne.*

52. La même gratification est accordée
en cas de reprise d'un condamné aux fers,
évadé d'un bagne ; savoir : 100 francs, si
le forçat est repris hors des murs de la ville
où il était détenu ; 50 francs, s'il est repris
dans la ville, et 25 francs, s'il est saisi
dans le port. (Art. 1<sup>er</sup> de l'arrêté du 29
octobre 1803.)

### *Soldat réfractaire ou déserteur.*

53. Pour chaque arrestation de réfractaire
ou de déserteur, la gratification est de 25 fr.
(Décret du 12 janvier 1811.)

54. Tout fonctionnaire public qui n'exécute pas, en ce qui le concerne, les lois
relatives aux déserteurs et à leurs complices,
qui en empêche ou en entrave l'exécution,
est puni de deux ans d'emprisonnement.
(Art. 1<sup>er</sup> de la loi du 14 novembre 1797.)

## *Déserteurs étrangers.*

55. Il existe 1° entre la France et le royaume de Sardaigne, une convention du 9 août 1820, pour l'extradition réciproque des déserteurs; 2° pareille convention entre la France et les Pays-Bas, en date du 2 octobre 1821; 3° entre la France et la Prusse, du 25 juillet 1828.

1° Les art. 5 et 7 de la première de ces conventions portent : « Il est accordé une « gratification de 25 fr. à quiconque aura « arrêté un déserteur d'infanterie ou un « cavalier non monté, et le double pour « l'arrestation d'un cavalier avec son cheval; « cette gratification sera payée dans le lieu « même où la remise du déserteur aura « lieu et par les soins de l'autorité qui le « recevra. L'arrestation et l'extradition des « déserteurs de la marine et des forçats « auront également lieu dans les formes « et aux conditions énoncées ci-dessus à « l'égard des déserteurs composant l'armée « de terre. »

56. 2° La convention avec les Pays-Bas

porte, art. 9, « qu'il sera payé, par la par-
« tie requérante ou intéressée, une grati-
« fication de vingt-cinq francs, argent de
« France, pour chaque homme, et de cent
« cinquante-huit francs soixante-treize cen-
« times pour chaque cheval et son équipage,
« au profit de quiconque sera parvenu à
« découvrir et faire arrêter un déserteur,
« ou qui aura contribué à la restitution d'un
« cheval et de son équipage. » — Art. 10. « Les
« frais et gratifications dont il est fait men-
« tion dans l'article précédent, seront ac-
« quittés immédiatement après l'extradition.

« Les réclamations qui pourraient être
« faites à cet égard ne seront examinées
« qu'après que le paiement aura été provi-
« soirement effectué. »

57. 3° Les articles 9 et 10 de la convention avec les Pays-Bas sont littéralement
transcrits dans la convention avec la Prusse.

La seule différence est dans la fixation de
la gratification pour chaque cheval et son
équipage. Elle est de cent vingt francs de
France (ou trente-deux écus vingt-quatre
gros de Prusse).

La gratification pour chaque homme est, comme dans les deux autres conventions de cartel, de vingt-cinq francs de France (six écus vingt-cinq gros, argent de Prusse).

## Chapitre 4.

### *Portion des amendes en matière de grande voirie.*

58. Les lois et réglemens accordent aux agens de l'administration qui constatent des contraventions en matière de grande voirie, une portion des amendes encourues par les contrevenans. (Art. 32 du décret du 23 juin 1806. — Art. 115 du décret du 16 décembre 1811, etc. )

Les Gardes-champêtres sont du nombre de ces agens.

( Voyez section 12, chap. 1er et suivans. )

## Chapitre. 5.

### *Les Gardes-champêtres n'ont aucune portion des amendes rurales ou correctionnelles.*

59. Les Gardes-champêtres ne participent

pas aux amendes prononcées pour des délits de la compétence des tribunaux de police correctionnelle, ou pour des contraventions aux lois et réglemens de simple police, rurale et municipale.

60. Les amendes de simple police rurale et municipale sont appliquées au profit de la commune où la contravention a été commise. (Art. 466 du Code pénal. — Avis du Conseil d'état, approuvé le 9 déc. 1814.)

61. A l'égard des amendes prononcées par les Tribunaux de police correctionnelle, elles forment un fonds commun applicable pour un tiers aux dépenses des enfans trouvés, et pour les deux autres tiers, aux communes qui éprouvent le plus de besoins. (Décret du 17 mai 1809. — Avis du Conseil d'état, approuvé le 9 décembre 1814.)

## CHAPITRE 6.

### *Saisie du 5ᵉ du traitement.*

62. Les créanciers d'un Garde-champêtre peuvent faire saisir entre les mains du Receveur municipal jusqu'à concurrence du 5ᵉ de son salaire. (Loi du 12 mars 1801.)

# SECTION III.

## PROCÈS-VERBAUX ET RAPPORTS.

### CHAPITRE 1er.

### *Timbre.*

63. Les procès-verbaux et tous actes dressés par un Garde-champêtre sont assujettis au droit de timbre, c'est-à-dire, qu'ils ne peuvent être écrits que sur du papier timbré de dimension. (Art. 12, titre 2 de la loi du 12 novembre 1798.)

### *Papier visé pour timbre.*

64. L'obligation de se servir de papier timbré a été interprétée par une décision du Ministre des finances, en date du 15 avril 1799, en faveur des Gardes-champêtres communaux; pour leur épargner des avances onéreuses, ils sont autorisés à rédiger ou à faire rédiger leurs rapports et déclarations sur du papier visé pour timbre, d'avance et en débet, par le Receveur de l'enregistrement du canton.

L'article 5 de l'ordonnance du 22 mai

1816 a confirmé cette décision et en a limité l'application : « Les actes et procès-verbaux « des huissiers, gendarmes, préposés, gardes- « champêtres ou forestiers (autres que ceux « des particuliers), et généralement tous « actes et procès-verbaux concernant la « police ordinaire et qui ont pour objet « la poursuite et la répression des délits et « contraventions aux réglemens généraux « de police, continueront d'être visés pour « timbre et enregistrés en débet, lorsqu'il « n'y aura pas de partie civile poursuivante, « ou qu'elle aura négligé ou refusé de con- « signer les frais de poursuite, sauf à pour- « suivre le recouvrement des droits contre « qui il appartiendra.

« Le visa du Receveur de l'enregistre- « ment devra toujours faire mention du « montant des droits en suspens, pour en « faciliter l'emploi et le recouvrement dans « la taxe des frais. »

## CHAPITRE 2.

### *Enregistrement.*

65. Les procès-verbaux et tous actes dres-

sés par un Garde-champêtre sont soumis à la formalité de l'enregistrement.

66. L'enregistrement est d'un droit fixe de deux francs (n° 16 de l'article 43 de la loi du 28 avril 1816), plus, de la subvention du 10ᵉ en sus.

Il a lieu au bureau établi dans le canton, et par le Receveur de l'administration des domaines et de l'enregistrement.

« Les actes des gardes établis par l'au-« torité publique pour délits ruraux et fo-« restiers, sont enregistrés en débet par le « Receveur. » (Art. 70, titre 2 de la loi du 12 décembre 1798. — Article 5 de l'ordonnance du 22 mai 1816.)

Les délais pour faire enregistrer les actes publics sont de quatre jours pour ceux des huissiers et autres ayant pouvoir de faire des exploits et procès-verbaux. (Art. 20, titre 3 de la loi du 12 décembre 1790.)

67. Le défaut d'enregistrement dans le délai entraîne, contre le Garde-champêtre contrevenant, une amende de 10 francs, et, de plus, une somme équivalante au montant du droit de l'acte non enregistré.

68. Le procès-verbal est déclaré nul et le Garde-champêtre est déclaré responsable de cette nullité. (Art. 34, titre 6 de la loi du 12 décembre 1798.)

### Chapitre 3.

*Affirmation des procès-verbaux.*

69. Les Gardes-champêtres sont tenus d'affirmer la sincérité de leurs procès-verbaux dans les vingt-quatre heures.

70. Le délai de vingt-quatre heures, pour l'affirmation, ne se compte que du moment de la signature du procès-verbal, et non du moment de la contravention. (Arrêt de la Cour de cassation, du 21 juin 1805.)

71. Cette affirmation a lieu devant le Juge-de-paix du canton. (Art. 6 de la sect. 7, titre 1er de la loi du 6 oct. 1791.)

72. Elle peut être reçue également par un suppléant du Juge-de-paix, pour les délits commis dans le territoire de la commune où ce suppléant réside, lorsqu'elle ne sera pas celle de la résidence du Juge-de-paix. (Art. 11 de la loi du 18 mai 1802.)

73. Les Maires, et, à défaut des Maires,

leurs Adjoints peuvent recevoir cette affirmation, soit par rapport aux délits commis dans les autres communes de leurs résidences respectives, soit même par rapport à ceux commis dans les lieux où résident le Juge-de-paix ou ses suppléans, quand ceux-ci seront absens. (Même article.)

74. La réception de l'affirmation d'un procès-verbal n'est pas facultative de la part des fonctionnaires appelés par la loi à la recevoir.

Les Maires des communes, ou leurs Adjoints, ne peuvent se dispenser de la recevoir et de la constater sur le procès-verbal qui leur est présenté, même les Maires ou les Adjoints des communes de la résidence du Juge-de-paix du canton et de ses suppléans, en l'absence de ces magistrats. (Instruction du ministre de l'intérieur, adressée aux Préfets le 26 août 1806.)

75. L'affirmation est nulle, lorsqu'elle est faite devant un membre du conseil municipal qui n'a pas qualité pour suppléer le Maire ou l'Adjoint pendant leur absence. (Arrêt de la Cour de cassation, du 18 novembre 1808.)

76. Les délinquans ne doivent pas être cités pour être présens à l'affirmation d'un procès-verbal ou rapport. (Arrêts de la Cour de cassation, des 26 janvier et 17 mars 1810.)

77. A défaut de l'affirmation, les procès-verbaux et rapports ne peuvent faire foi en justice et motiver une condamnation.

78. Cette affirmation est une formalité substantielle qui tient lieu du serment sous la sanction duquel les lois placent la déclaration de tous les témoins entendus dans les Cours et dans les Tribunaux.

- A défaut de cette formalité, les procès-verbaux ne sauraient fournir une preuve légale des faits qu'ils énoncent. ( Arrêt de la Cour de cassation, du 10 décembre 1824.)

79. L'acte d'affirmation est écrit à la suite du procès-verbal; il peut être rédigé dans la forme suivante : Devant nous, Juge-de-paix (*ou suppléant du Juge-de-paix*) *du canton d*          , *ou Maire de la commune d*          (*ou Adjoint à la mairie d*)          , à          heures du (matin ou soir) s'est présenté le sieur          Garde-champêtre, lequel a affirmé entre nos mains la

sincérité du présent procès-verbal, après en avoir reçu lecture, et a signé avec nous.

Fait à          , le          18

## CHAPITRE 4.

### *Les Procès-verbaux font foi en justice.*

80. Les rapports ainsi que les déclarations des Gardes-champêtres, lorsqu'ils ne donnent lieu qu'à des réclamations pécuniaires (*dommages-intérêts et amendes*), font foi en justice pour tous les délits mentionnés dans la police rurale, sauf la preuve du contraire. (Art. 10 de la loi du 22 avril 1791. — Art. 6 de la section 7, titre 1er de la loi du 6 octobre 1791.)

81. Ces actes ont cette foi en justice, même contre les parens ou alliés des gardes. (Arrêt de la Cour de cassation, du 7 novembre 1817.)

82. Il n'y a jamais lieu de prendre contre les procès-verbaux des Gardes-champêtres la voie de l'inscription de faux, puisque ces procès-verbaux sont susceptibles d'être débattus par la preuve contraire.

L'inscription de faux serait sans objet pour

celui qui suivrait cette marche. C'est le ministère public (le Procureur du Roi) qui, en ce cas, dirige des poursuites contre les individus qui ont dressé des procès-verbaux reconnus faux. (Arrêt de la Cour de cassation, du 15 décembre 1808.)

## Chapitre 5.

### *Délai pour la remise des procès-verbaux.*

83. Les procès-verbaux doivent être remis à l'autorité compétente, dans les trois jours au plus tard, y compris celui où le Garde-champêtre a reconnu le fait sur lequel il a été procédé. (Art. 15 et 20 du Code d'instruction crimmelle. (*)

(*) V. page 44.

# SECTION IV.

## ATTRIBUTIONS ET RELATIONS DIVERSES,

### CHAPITRE 1<sup>er</sup>.

*Devoirs et Attributions comme Officiers de Police judiciaire.*

84. Le Code d'instruction criminelle classe les Gardes-champêtres parmi les Officiers de police judiciaire et détermine leurs attributions et devoirs en cette qualité importante, dans les articles suivans :

Art. 16. « Les Gardes-champêtres et les « Gardes-forestiers, considérés comme Offi- « ciers de police judiciaire, sont chargés de « rechercher, chacun dans le territoire pour « lequel ils auront été assermentés, les délits « et les contraventions de police qui auront « porté atteinte aux propriétés rurales et « forestières. »

« Ils dresseront des procès-verbaux, à « l'effet de constater la nature, les circons- « tances, le temps, le lieu des délits et des « contraventions, ainsi que les preuves et les « indices qu'ils auront pu en recueillir. »

« Ils suivront les choses enlevées, dans
« les lieux où elles auront été transpor-
« tées, et les mettront en séquestre (*) :
« ils ne pourront néanmoins s'introduire (**)
« dans les maisons, ateliers, bâtimens, cours
« adjacentes et enclos, si ce n'est en pré-
« sence soit du Juge-de-paix, soit de son
« suppléant, soit du Commissaire de police,
« soit du Maire du lieu, soit de son Ad-
« joint ; et le procès-verbal qui devra en
« être dressé sera signé par celui en pré-
« sence duquel il aura été fait. »

(*) Ce qui concerne le séquestre ou dépôt judiciaire est défini par les articles 1961 et suivans
du Code civil.

Un Garde-champêtre peut établir un gardien
judiciaire pour la conservation des objets saisis :
celui-ci doit apporter dans cette mission les
soins d'un bon père de famille. ( Art. 1962. )

(**) ...... Tout Administrateur ou tout autre
« Officier de justice qui se sera introduit dans
« le domicile d'un citoyen, hors les cas prévus
« par la loi et sans les formalités qu'elle a prescrites,
« sera puni d'une amende de 16 fr. au moins et
« de 200 fr. au plus. » ( Art. 184 du Code
pénal. )

« Ils arrêteront et conduiront devant
« le Juge-de-paix ou devant le Maire,
« tout individu qu'ils auront surpris en
« flagrant délit (*) ou qui sera dénoncé par

(*) Il est nécessaire que les Gardes-champêtres
sachent ce que la loi entend par *flagrant délit*.

« Il y a flagrant délit :
« Lorsque le crime se commet actuellement ;
« Lorsqu'il vient de se commettre ;
« Lorsque le prévenu est poursuivi par la cla-
« meur publique ;
« Lorsque, dans un temps voisin du délit, le
« prévenu est trouvé saisi d'instrumens, d'armes,
« d'effets ou de papiers faisant présumer qu'il
« en est auteur ou complice. » ( Art. 156 de l'ordonnance du 29 octobre 1820, fondé sur l'art.
41 du Code d'instruction criminelle. )

Les Gardes—champêtres ne doivent user du
droit d'arrestation que dans le cas où le délit
rural est susceptible de donner lieu à l'emprisonnement ou à une peine plus grave ; ce serait
de leur part un excès de pouvoir et un acte arbi-
traire fort répréhensible et qui les exposerait à
des poursuites, que d'arrêter un citoyen, *même
surpris en flagrant délit*, si la faute qu'il a commise
n'est susceptible d'être punie que d'une amende
ou d'autres peines pécuniaires. ( Le Graverend.
Traité de la lég. crim. 4°. I. 171. )

« la clameur publique, lorsque ce délit
« emportera la peine d'emprisonnement.
« ou une peine plus grave. »

« Ils se feront donner, pour cet effet,
« main-forte par le Maire ou par l'Ad-
« joint du Maire du lieu, qui ne pourra
« s'y refuser. »

Art. 17. « Les Gardes – champêtres et
« forestiers sont, comme Officiers de police
« judiciaire, sous la surveillance du Pro-
« cureur du Roi, sans préjudice de leur
« subordination à l'égard de leurs supé-
« rieurs dans l'administration. » ( *Code
*d'instruction criminelle.*—Art. 41 du Code
du 26 octobre 1795. )

Ces supérieurs sont *le Maire et l'Adjoint municipal*, *le Sous-Préfet*, *le Préfet;*

Art. 20. « Les procès-verbaux des Gardes-
« champêtres des communes et ceux des
« Gardes – champêtres et forestiers des
« particuliers, seront, lorsqu'il s'agira de
« simples contraventions, remis par eux,
« dans le délai fixé par l'art. 15, au

« Commissaire de police (*) de la commune
« chef-lieu de la justice de paix, ou au
« Maire, dans les communes où il n'y
« a point de Commissaire de police; et
« lorsqu'il s'agira d'un délit de nature à
« mériter une peine correctionnelle, la
« remise sera faite au Procureur du Roi. »
( *Code d'instruction criminelle.* )

## *Dénonciations des Délits et des Contraventions.*

85. Les Gardes-champêtres sont compétens pour recevoir des dénonciations en matière de délits ou contraventions qui ont porté atteinte aux propriétés.

On entend par *dénonciation*, l'action de déclarer un crime, un délit ou une contravention dont on a connaissance, en désignant ou sans désigner celui ou ceux qui en sont les auteurs.

(*) Il y a un Commissaire de police dans les villes de 5,000 habitans à 10,000. (Article 12 de la loi du 17 février 1800.)

## CHAPITRE 2.

### *Relations avec la Gendarmerie.*

86. « Dans les huit jours de son ins-
« tallation, un Garde-champêtre doit se
« présenter à l'Officier ou au Sous-Officier
« de gendarmerie du canton. Cet Officier
« ou Sous-Officier inscrit les noms, âge
« et domicile sur un registre à ce destiné. »
( Art. 1er du décret du 11 juin 1806.)

87. Le décret du 11 juin 1806 a établi
les rapports qui doivent exister entre les
Gardes-champêtres et la gendarmerie.

L'ordonnance du 29 octobre 1820, portant réglement sur le service de la gendarmerie, en rappelle les principales dispositions.

En voici l'extrait :

Art. 302. « Si la Gendarmerie est at-
« taquée dans l'exercice de ses fonctions,
« elle requiert, *de par la loi*, l'assistance
« des citoyens présens, à l'effet de lui prêter
« main-forte, tant pour repousser les at-
« taques dirigées contre elle, que pour as-
« surer l'exécution des réquisitions et ordres
« dont elle est chargée. »

Art. 310. « Les Gardes-champêtres des
« communes sont placés sous la surveil-
« lance des commandans des brigades de
« gendarmerie, qui tiennent un registre par-
« ticulier sur lequel ils inscrivent les noms,
« l'âge et le domicile de ces Gardes-cham-
« pêtres. »

Art. 311. « Les Officiers et Sous-Officiers
« de gendarmerie s'assurent, dans leurs
« tournées, si les Gardes-champêtres rem-
« plissent bien les fonctions dont ils sont
« chargés; ils donnent connaissance aux
« Sous-Préfets de ce qu'ils ont appris sur
« la conduite et le zèle de chacun d'eux. »

Art. 312. « Dans des cas urgens ou pour
« des objets importans, les Sous-Officiers
« de gendarmerie peuvent mettre en ré-
« quisition les Gardes-champêtres d'un
« canton; et les Officiers, ceux d'un ar-
« rondissement, soit pour les seconder dans
« l'exécution des ordres qu'ils ont reçus,
« soit pour le maintien de la police et de
« la tranquillité publique : mais ils sont
« tenus de donner avis de cette réquisition
« aux Maires et aux Sous-Préfets et de leur en

« faire connaître les motifs généraux. » (*)

Art. 313. « Les Officiers et Sous-Officiers
« de gendarmerie adressent, au besoin, aux
« Maires, pour être remis aux Gardes-
« champêtres, le signalement des individus
« qu'ils ont l'ordre d'arrêter. »

Art. 314. « Les Gardes-champêtres sont
« tenus d'informer les Maires, et ceux-ci,
« les Officiers et Sous-Officiers de gendar-
« merie, de tout ce qu'ils découvrent de
« contraire au maintien de l'ordre et de
« la tranquillité publique ; ils leur don-
« nent avis de tous les délits qui ont été
« commis dans leurs territoires respectifs. »

Ce dernier article est fondé sur les articles 29 et 30 du Code d'instruction criminelle, dont voici le texte :

Art. 29. « Toute autorité constituée, tout
« fonctionnaire ou Officier public, qui,
« dans l'exercice de ses fonctions, acquerra

______

(*) « La gendarmerie, pour le rétablissement
« de la tranquillité publique, pourra, en cas de
« besoin, requérir les Gardes-forestiers et les Gar-
« des-ruraux. » ( Art. 159 de la loi du 17 avril
1798. )

« la connaissance d'un crime ou d'un délit,
« sera tenu d'en donner sur-le-champ avis
« au Procureur du Roi près le tribunal dans
« le ressort duquel ce crime ou délit aura
« été commis ou dans lequel le prévenu
« pourrait être trouvé, et de transmettre
« à ce magistrat tous les renseignemens,
« procès-verbaux et actes qui y sont re-
« latifs. »

Art. 3o. « Toute personne qui aura été
« témoin d'un attentat, soit contre la sûreté
« publique, soit contre la vie ou la pro-
« priété d'un individu, sera pareillement
« tenue d'en donner avis au Procureur du
« Roi, soit du lieu du crime ou délit,
« soit du lieu où le prévenu pourra être
« trouvé, »

## CHAPITRE 3.

### *Relations avec les Gardes-forestiers et les Gardes-pêche.*

88. « Les Agens et les Gardes de l'ad-
« ministration des forêts ont le droit de
« requérir directement la force publique
« pour la répression des délits et contra-

« ventions en matière forestière, ainsi que
« pour la recherche et la saisie des bois
« coupés en délit, vendus ou achetés en
« fraude. » ( Art. 164 du Code forestier.)

Comme faisant partie de la force publique, les Gardes-champêtres doivent déférer
aux réquisitions des Agens et Gardes-forestiers, dans la limite tracée à ces derniers
par le Code forestier.

89. Par réciprocité, les Gardes des bois
de l'état, des communes, des établissemens
publics, etc., doivent prêter leur appui aux
Gardes-champêtres. Ce principe est tiré de
l'article 18, titre 3 de la loi du 29 avril
1803 : « Le corps de la Garde-forestière
« pourra être employé comme celui de la
« gendarmerie, et concurremment avec lui,
« pour tous les services de police ou de
« justice civile et militaire, dans l'étendue
« du canton où chaque Garde exerce ses
« fonctions. »

90. Les Gardes-pêche nommés par l'administration étant assimilés par la loi aux
Gardes-forestiers royaux ( Art. 37 du Code
de la pêche pluviale ), les deux articles

précédens sont applicables à ces Gardes-pêche.

## CHAPITRE 4.

### *Relations avec divers services administratifs.*

#### §. 1er. DOUANES.

91. Dans les départemens frontières, les Maires, conformément à l'article 14, titre 13 de la loi du 22 août 1791, peuvent ordonner aux Gardes-champêtres de prêter main-forte aux préposés des douanes, lorsque ces Maires en seront requis.

92. Les Gardes-champêtres, obligés à des tournées habituelles de jour et de nuit, peuvent souvent seconder les préposés des douanes, soit en leur donnant, même sans en être requis, tous les renseignemens qui sont à leur connaissance et qui peuvent être utiles au service dont ces préposés sont chargés, soit pour les saisies résultant de contraventions aux lois sur l'importation, l'exportation ou la circulation des denrées et marchandises.

93. Un Garde-champêtre qui concourt à une saisie en matière de douanes, a droit, dans la répartition du produit des confiscations et amendes, à une part égale à celle qui revient à un préposé saisissant.

94. En ce cas, il est essentiel que le Garde-champêtre se fasse porter (*) nominativement dans les procès-verbaux ou rapports qui constatent la saisie.

95. Deux Gardes-champêtres peuvent constater une contravention aux lois de douanes. (Art. 1<sup>er</sup>, titre 4 de la loi du 28 avril 1799.)

96. Lorsqu'un Garde-champêtre dénonce un passage frauduleux ou un dépôt de denrées ou marchandises, ou toute autre contravention, il a droit à un tiers du produit net des saisies.

97. « Il est expressément défendu à tout

(*) « Ne seront admis aux répartitions comme « saisissans, que ceux dont les noms se trouveront « dans les rapports, ou qui seront désignés comme « tels par le commandant du détachement, dans « un état signé de lui. » ( Art. 25 de l'arrêté du 26 août 1796. )

« saisissant d'exiger aucune somme pro-
« venant de confiscations ou amendes, avant
« que les jugemens qui les ont prononcées
« aient acquis force de chose jugée; et
« aucune répartition ne pourra être faite
« sans l'autorisation formelle de la régie. »
(Art. 26 de l'arrêté directorial du 26 août
1796.)

98. Lorsque des Gardes-champêtres ar-
rêtent, sur la frontière, des denrées ou marchandises pour contraventions aux lois sur
les douanes, les objets saisis doivent être
conduits dans un bureau de douanes et, autant que les circonstances peuvent le permettre, au plus prochain du lieu de l'arrestation; ces Gardes-champêtres y rédige-
ront de suite leur rapport. (*) ( Art. 2,
titre 4 de la loi du 28 avril 1799.)

(*) « Les rapports énonceront la date et la
« cause de la saisie: la déclaration qui en aura
« été faite au prévenu; les noms, qualités et
« demeures des saisissans et de celui chargé des
« poursuites; l'espèce, poids et nombre des objets
« saisis; la présence de la partie à leur description,
« ou la sommation qui lui aura été faite d'y assister;

99. Il est essentiel pour les Gardes-champêtres de se rappeler qu'il y a obligation stricte pour les marchands et voituriers, à peine de confiscation et d'amende, de conduire directement toutes les marchandises et denrées importées dans le royaume, au premier bureau d'entrée de la frontière;

Qu'il y a contravention aux lois de douanes, lorsque les marchandises ont dépassé les bureaux sans permis, ou lorsqu'avant d'y avoir été conduites, elles sont introduites dans quelque maison ou auberge;

Qu'il y a obligation stricte, à peine de confiscation et d'amende, pour ceux qui voudraient faire sortir du royaume des marchandises ou denrées, de les conduire au premier bureau de sortie, par la route la plus directe et la plus fréquentée; qu'il est défendu de prendre aucuns chemins obliques, tendant à contourner et éviter les bureaux. ( Loi du 22 août 1791. — Titres 4 et 5 de la loi du 28 avril 1816.)

« le nom et la qualité du gardien; le lieu de « la rédaction du rapport et l'heure de sa clôture. » ( Art. 3, titre 4 de la loi du 28 avril 1799.)

100. Tout Garde-champêtre qui, dans des vues d'intérêt particulier, s'abstiendrait de seconder les préposés des douanes, transigerait avec les délinquans, recevrait des présens, etc., serait coupable de forfaiture, et se rendrait applicable l'art. 177 (*) du Code pénal, transcrit page 14.

101. Tout Garde-champêtre qui, par négligence de ses devoirs, ne seconderait pas, lorsqu'il en aura été requis, les préposés des douanes, s'exposerait à des reproches de la part des autorités auxquelles il est subordonné.

En cas de récidive, il pourrait encourir la destitution.

102. En conservant avec les préposés des douanes des relations de bon voisinage, et en cherchant, par tous les moyens légaux, les occasions de leur être utiles, les Gardes-champêtres n'en doivent pas moins surveiller ces agens, sous les rapports de la police rurale et de la chasse : l'expérience a prouvé assez généralement que certains

(*) Le même article est applicable pour toute connivence ou transaction avec des délinquans en matière de contributions indirectes.

de ces préposés sont disposés à profiter de leur isolement pour se livrer à la chasse, à la pêche ou à l'usage d'engins défendus.

### §. 2. Contributions indirectes. (*)

103. D'après l'article 145 de la loi du 8 décembre 1814, confirmé textuellement par l'article 245 de la loi du 28 avril 1816, « les autorités civiles et militaires et la « force publique, doivent prêter aide et as- « sistance aux employés des contributions « directes, toutes les fois qu'elles en seront « requises. »

Cette disposition comprend les Gardes-champêtres.

(*) La régie des Contributions indirectes est chargée de tout ce qui concerne l'assiette et la perception des droits sur les boissons (vins, cidres, poirés, eau-de-vie, esprits et liqueurs, composés d'eau-de-vie ou d'esprits, bière), sur les cartes à jouer, les voitures publiques, les tabacs, les sels, les poudres à feu, sur la navigation intérieure, les bacs et passages d'eau, la garantie des ouvrages d'or et d'argent, les octrois municipaux.

*Tabacs.*

104. « Les employés des contributions
« indirectes, des douanes ou des octrois,
« les Gendarmes, les Préposés-forestiers, les
« Gardes-champêtres, et généralement tout
« employé assermenté, pourront constater
« la vente des tabacs en contravention à
« l'article 172, le colportage, les circula-
« tions illégales, et généralement les fraudes
« sur le tabac; procéder à la saisie des
« tabacs, ustensiles et mécaniques prohibés
« par la présente loi, à celle des chevaux,
« voitures, bateaux et autres objets servant
« au transport, et constituer prisonniers
« les fraudeurs et colporteurs, dans le cas
« prévu par l'article précédent. (*) » ( Art.
223 de la loi du 28 avril 1816. )

(*) Article 172 de la loi du 28 avril 1816.
« L'achat, la fabrication et la vente des tabacs
« continueront à avoir lieu par la régie des con-
« tributions indirectes dans toute l'étendue du
« Royaume exclusivement, au profit de l'état. »
Art. 208. « Les tabacs ne pourront être enlevés
« de chez le cultivateur qu'en vertu d'un laissez-
« passer des employés des contributions indi-

105. « Les préposés dénommés en l'ar-
« ticle 223 de la loi du 28 avril 1816,
« ou tous autres individus, qui arrêteront
« ou concourront à arrêter des colporteurs

« rectes, qui ne sera délivré que pour le bureau
« établi près le magasin le plus voisin. »

Art. 215. « Les tabacs en feuille ne pourront
« circuler sans acquit-à-caution, si ce n'est dans
« le cas prévu par l'article 208 ou lorsqu'ils auront
« été cultivés pour l'approvisionnement de la régie,
« et qu'ils seront transportés du domicile du cul-
« tivateur au magasin de réception : ils devront,
« dans ce dernier cas, comme dans le premier,
« être accompagnés d'un laissez-passer.

« Les tabacs fabriqués ne pourront circuler sans
« acquit-à-caution, toutes les fois que la quantité
« excédera dix kilogrammes; les quantités d'un
« kilogramme à dix devront être accompagnées
« d'un laissez-passer, à moins qu'elles ne soient
« revêtues des marques et vignettes de la régie. »

Art. 216. « Les tabacs circulant en contraven-
« tion à l'article précédent, seront saisis et con-
« fisqués, ainsi que les chevaux, voitures, bateaux
« et autres objets servant au transport...... »

Art. 222. « Ceux qui seront trouvés vendant
« en fraude du tabac à leur domicile, ou ceux
« qui en colporteront, qu'ils soient ou non surpris

« ou vendeurs de tabac de fraude, rece-
« vront une prime de 15 fr. par chaque
« personne arrêtée, quel que soit le nombre
« des saisissans. »

« Cette prime ne sera acquittée qu'autant
« que les contrevenans auront été constitués
« prisonniers, ou que, amenés devant le
« Directeur des contributions indirectes, ils
« auront fourni caution ou auront été admis
« à transaction. » ( Art. 1 de l'ordonnance
du 31 décembre 1817 ).

106. La culture du tabac n'est permise
en France que dans un petit nombre de départemens ( Bas-Rhin, Bouches-du-Rhône,
Ille-et-Vilaine, Lot, Lot-et-Garonne, Nord,
Pas-de-Calais, Var.) * ( Art. 180 de la loi
du 28 avril 1816).

« à le vendre, seront arrêtés et constitués prison-
« niers, et condamnés à une amende de trois cents
« francs à mille francs, indépendamment de la
« confiscation des tabacs saisis, de celle des usten-
« siles servant à la vente, et, en cas de colpor-
« tage, de celle des moyens de transport, con-
« formément à l'article 216. »

(*) Art. 181. « Les tabacs qui seront plantés

Partout où elle est interdite par la loi, cette culture est une fraude que les Gardes-champêtres doivent constater par procès-verbal.

Les procès-verbaux dressés en ce cas par les Gardes-champêtres peuvent être rédigés dans les formes qui leur sont propres pour la police rurale. (Art. 1ᵉʳ, dernier §. de l'ordonnance du 20 septembre 1815.)

107. Si avant la clôture du procès-verbal, le délinquant arrache et détruit lui-même la plantation de tabacs, le Garde-champêtre doit en faire mention.

Les employés de la régie des contribu-

« en contravention au précédent article, seront
« détruits aux frais des cultivateurs, sur l'ordre
« que le Sous-Préfet en donnera, à la réquisition
« du Contrôleur principal des contributions in-
« directes. Les contrevenans seront, en outre,
« condamnés à une amende de cinquante francs
« par cent pieds de tabac, si la plantation est
« faite sur un terrain ouvert, et de cent cin-
« quante francs si le terrain est clos de murs ;
« sans que cette amende puisse, en aucun cas,
« excéder trois mille francs. » ( Loi du 28 avril
1816. )

tions indirectes doivent être prévenus par les Gardes-champêtres, quand ceux-ci découvrent des plantations de tabacs.

*Octrois.*

108. Un Garde-champêtre ne peut rédiger de procès-verbaux de contravention en matière d'octroi municipal, à moins qu'il ne soit pourvu, de la part du Préfet, d'une commission spéciale de préposé de l'octroi. (Instruction du ministre de la justice, du 14 juin 1811.)

*Poudres à feu.*

109. Les Gardes-champêtres sont placés par la loi au nombre des agens et employés qui ont le droit de saisir ou de concourir aux saisies, ainsi que de constater les contraventions en matière de poudres à feu. (Art. 223 de la loi du 28 avril 1816. — Ordonnance du 17 novembre 1819.)

110. La vente des poudres s'opère dans les entrepôts et débits de tabacs; elle est interdite à toute autre personne. (Loi du 30 août 1797. — Ordonnance du 25 mars 1818.)

111. En cas d'arrestation de contrevenans en matière de poudres à feu, les saisissans, quelque soit leur nombre, reçoivent une prime de quinze francs par chaque individu arrêté. ( Art. 223 de la loi du 28 avril 1816. Ordonnance du 17 novembre 1819. )

112. Outre la prime d'arrestation, les saisissans ont droit au paiement de la moitié de la valeur des poudres saisies et déposées dans les magasins de la régie des contributions indirectes. (Arrêté du ministre des finances, du 17 octobre 1816, art. 1 et 3. )

### Cartes à jouer.

113. Les Gardes-champêtres sont compétens pour constater la fraude et la contrebande sur les cartes à jouer. ( Art. 169 et 223 de la loi du 28 avril 1816.)

### Indicateurs de fraudes ou contraventions.

114. Lorsqu'un Garde-champêtre, par suite de la surveillance qu'il exerce au-dedans et au-dehors d'une commune, met les employés de la régie des contributions indirectes ou des octrois municipaux, en situation de constater une fraude ou une con-

travention aux lois, on doit lui accorder, sur les saisies, la part d'indicateur.

115. « Il sera accordé, en toute saisie, « à titre d'indemnité, à celui qui aura dé- « noncé la fraude ou la contravention, un « tiers du produit des amendes et confis- « cations, après déduction des droits fraudés « et des frais, pourvu que le dénonciateur « se soit fait connaître à l'administration « ou au Directeur, avant la saisie. » (Arrêté du ministre des finances, du 17 octobre 1816, art. 7. )

### § 3. CADASTRE.

*Arpentage parcellaire.*

116. Dans les opérations du cadastre, le Géomètre-arpenteur a besoin d'indicateurs chargés de lui faire connaître les propriétaires des parcelles ; il pourvoit à leur salaire. Il est de l'intérêt du Géomètre de prendre ces indicateurs parmi les cultivateurs qui connaissent le mieux le territoire et les habitans. Il est arrivé que des Gardes-champêtres ont été choisis et que leur service en a souffert.

Dans une commune où il y a plusieurs Gardes-champêtres, un Maire ne peut permettre à l'un d'eux d'accepter l'offre du géomètre, qu'après s'être convaincu que la surveillance rurale ne sera pas négligée.

117. Il est du devoir d'un Garde-champêtre de veiller, pendant toute la durée de l'arpentage parcellaire, à la conservation des piquets plantés par le Géomètre aux extrémités de la base, ainsi qu'au maintien des signaux placés pendant le cours de l'opération pour fixer les limites d'une section ou pour tout autre motif.

En cas d'enlèvement de piquets ou signaux, le Garde en dresse un procès-verbal, s'il en est requis par le Géomètre : cet acte est remis au Maire.

*Expertise Cadastrale.*

118. Au commencement d'une expertise cadastrale, il est accordé des indicateurs à l'expert; on les prend parmi les habitans qui connaissent en détail les localités et qui savent le mieux évaluer les classemens et le produit imposable des propriétés.

En ce cas, comme pour l'arpentage, un Maire ne pourra désigner un Garde-champêtre pour être l'un des indicateurs, qu'après s'être convaincu que le service de ce Garde n'en souffrira pas.

### §. 4. Poids et mesures.

119. Les Gardes-champêtres, comme officiers de police, doivent veiller à ce que les nouveaux poids et mesures soient employés dans le commerce; à ce qu'on n'en emploie pas d'autres que ceux qui auront été poinçonnés dans les bureaux de vérification des sous-préfectures. ( Art. 16 de l'arrêté du gouvernement du 18 juin 1801, confirmé par l'ordonnance du 18 décembre 1825.)

120. D'après cette dernière ordonnance, article 2, les Maires, Adjoints, Commissaires et Officiers de police ( les Gardes-champêtres ) doivent prêter assistance aux Vérificateurs des poids et mesures dans l'exercice des fonctions qui leur sont déléguées.

121. Le même article ajoute : « Ils ( les « Maires, Adjoints, Commissaires et Of-

*

« ficiers de police ) constateront et pour-
« suivront devant les tribunaux de simple
« police, soit d'office, soit à la réquisition
« des Vérificateurs, les contraventions com-
« mises par les marchands et fabricans qui
« emploiraient à l'usage de leur commerce,
« ou conserveraient dans leurs dépôts, bou-
« tiques et magasins, des mesures et poids
« différens de ceux qui sont établis par
« les lois en vigueur.

« Les Vérificateurs sont tenus de leur
« faire connaître les infidélités dans-l'em-
« ploi et l'usage des poids et mesures, que
« leurs fonctions leur feraient découvrir. »

122. « Conformément à la loi du 23
« septembre 1795, les Maires, Adjoints
« et Officiers de police sont chargés de
« faire dans leurs arrondissemens respectifs,
« et plusieurs fois dans l'année, des visites
« dans les boutiques et magasins, dans les
« places publiques, foires et marchés, à
« l'effet de s'assurer de l'exactitude et du
« fidèle usage des poids et mesures. » (Art.
25 de l'ordonnance du 18 décembre 1825. )

123. Lorsqu'un fait de contravention aux

lois relatives aux poids et mesures est constaté par un Maire ou un autre Officier de police judiciaire ( un Garde-champêtre ), ce fonctionnaire n'agissant que comme Officier de police judiciaire, en vertu du pouvoir qui lui est conféré par l'article 11 du Code d'instruction criminelle, son procès-verbal n'est pas soumis à l'affirmation, sauf la preuve contraire. ( Arrêt de la Cour de cassation, du 12 juillet 1822.) Le principe consacré par cet arrêt est applicable à toutes les matières fiscales.

## CHAPITRE 5.

### *Aide et main-forte aux Huissiers.*

124. Les Gardes-champêtres et tous agens de la force publique et de la police doivent prêter aide et main-forte aux Huissiers, toutes et quantes fois qu'ils en seront par eux requis, et sans pouvoir exiger aucune rétribution, à peine d'être poursuivis et punis suivant l'exigence des cas. (Art. 77 du décret du 18 juin 1811.)

Ils doivent aussi assister les Huissiers dans

leurs recherches et les aider de leurs renseignemens. (Même article.)

## CHAPITRE 6.

### *Saisie des Récoltes sur pied.*

125. Il est essentiel que les Gardes-champêtres aient connaissance des dispositions du Code de procédure civile, relatives aux saisies des fruits pendans par racine, ou *saisie-brandon*, puisque la loi les appelle en ce cas à être gardiens :

« Art. 626. La saisie-brandon ne pourra
« être faite que dans les six semaines qui
« précéderont l'époque ordinaire de la ma-
« turité des fruits ; elle sera précédée d'un
« commandement, avec un jour d'inter-
« valle. »

« Art. 627. Le procès-verbal de saisie
« contiendra l'indication de chaque pièce,
« sa contenance et sa situation, et deux
« au moins de ses tenans et aboutissans
« et la nature des fruits. »

« Art. 628. Le Garde-champêtre sera
« établi gardien, à moins qu'il ne soit
« compris dans l'exclusion portée par l'article

« 598 * ; s'il n'est présent, la saisie lui
« sera signifiée : il sera aussi laissé copie
« au Maire de la commune de la situation,
« et l'original sera visé par lui.

« Si les communes sur lesquelles les
« biens sont situés, sont contiguës ou voi-
« sines, il sera établi un seul gardien,
« autre néanmoins qu'un Garde-champêtre :
« le visa sera donné par le Maire de la
« commune du chef-lieu de l'exploitation ;
« et, s'il n'y en a pas, par le Maire de
« la commune où est située la majeure partie
« des biens. »

Les articles suivans du Code sont relatifs à
la vente des objets saisis.

126. L'exclusion donnée au Garde-champêtre par l'article 628 du Code de procédure
civile n'a pas lieu, lorsque ce Garde est

(*) L'article 598 porte : « Ne pourront être éta-
« blis gardiens, le saisissant, son conjoint, ses
« parens et alliés jusqu'au degré de cousin issu
« de germain inclusivement, et ses domestiques ;
« mais le saisi, son conjoint, ses parens, alliés
« et domestiques, pourront être établis gardiens,
« de leur consentement et de celui du saisissant. »

commissionné pour toutes les communes où sont situées les récoltes saisies.

127. En cas de vente, le Garde-champêtre, gardien des récoltes sur pied, ne peut s'en rendre adjudicataire, soit ouvertement, soit par actes simulés, soit par interposition de personnes.

## CHAPITRE 7.

### *Mise en fourrière d'animaux trouvés en délit.*

128. « Lorsque des animaux ont été trou-
« vés en délit sur les propriétés d'autrui,
« soit dans l'enceinte des habitations, soit
« dans un enclos rural, soit dans les champs
« ouverts, le propriétaire qui éprouve le
« dommage a le droit de saisir les bestiaux,
« sous l'obligation de les faire conduire,
« dans les vingt-quatre heures, au lieu du
« dépôt qui sera désigné à cet effet par
« le Maire. (Art. 12, titre 2 de la loi du 6 octobre 1791.)

129. Ce dépôt ou mise en fourrière peut aussi, en pareil cas, être fait par le Garde-champêtre, à l'instant où ce Garde trouve les animaux en délit.

# SECTION V.

## POLICE RURALE, PROPREMENT DITE.

### CHAPITRE 1er.

### *Récoltes.*

130. C'est à l'approche des récoltes, c'est pendant que les fourrages et les grains sont coupés et reposent sur la terre, que les légumes occupent une partie du sol, que la surveillance des Gardes doit redoubler; c'est alors qu'ils peuvent prouver leur zèle et leur impartialité.

131. D'après la loi, « nulle autorité ne « pourra suspendre ou intervertir les tra- « vaux de la campagne dans les opérations « de la semence et des récoltes. » ( Art. 3 de la section 5, titre 1er de la loi du 6 octobre 1791.)

Ce principe est maintenu par l'article 8 de la loi du 18 novembre 1814, relative à la célébration des fêtes et dimanches.

« Sont également exceptés des défenses « ci-dessus (de travailler les dimanches et « les jours de fêtes), les meuniers et les

« ouvriers employés, 1º à la moisson et
« autres récoltes ; 2º aux travaux urgens
« de l'agriculture ; 3º aux constructions et
« réparations motivées par un péril immi-
« nent, à la charge, dans ces deux der-
« niers cas, d'en demander la permission
« à l'autorité municipale. »

## CHAPITRE 2.

### *Parcours et vaine pâture.*

132. Les Gardes-champêtres doivent savoir que « partout où les prairies naturelles
« sont sujettes au parcours ou à la vaine
« pâture, ils n'auront lieu provisoirement
« que dans le temps autorisé par les lois
« et coutumes, et jamais tant que la pre-
« mière herbe ne sera pas récoltée. » (Art.
10 de la section 4, titre 1ᵉʳ de la loi du 6
octobre 1791.)

133. « Dans aucun cas et dans aucun
« temps, le droit de parcours ni celui de
« vaine pâture, ne pourront s'exercer sur les
« prairies artificielles et ne pourront avoir
« lieu sur aucune terre ensemencée ou cou-

« verte de quelques productions que ce soit,
« qu'après la récolte. (Art. 9 de la même
section.)

## Chapitre 3.

### *Réserve des prairies.*

134. Dans un grand nombre de départemens, lorsque la récolte des foins n'a pas
été abondante, et qu'il y a nécessité de garantir aux propriétaires la récolte d'une
seconde coupe, les Préfets prennent des
arrêtés pour mettre les prairies en réserve
et suspendre l'usage du parcours et de la
vaine pâture, jusqu'à une époque déterminée (ordinairement du 1$^{er}$ au 15 octobre).

L'article 10, section 4 du titre 1$^{er}$ de la
loi du 6 octobre 1791, maintient les coutumes pour la mise en réserve des prairies.

## Chapitre 4.

### *Échenillage des arbres et haies.*

135. La loi du 16 mars 1796 ordonne
à tous propriétaires, fermiers, locataires ou
autres faisant valoir leurs propres héritages

ou ceux d'autrui, d'écheniller ou faire écheniller les arbres étant sur ces héritages, haies
et buissons, à peine d'amende. ( Art. 1<sup>er</sup>.—
Instruction du Ministre de l'intérieur, du 10
mars 1799. )

L'échenillage doit être fait chaque année
avant le 1<sup>er</sup> février. ( Art. 6 de la loi.)

136. Après l'échenillage, on est tenu de
brûler sur-le-champ les bourses et toiles qui
sont tirées des arbres, haies ou buissons,
et ce, dans un lieu où il n'y ait aucun
danger de communication de feu (*), soit pour
les bois, arbres et bruyères, soit pour les
maisons et bâtimens. ( Art. 2. )

(*) On ne peut allumer du feu à la distance de
moins de deux cents mètres des bois et forêts, sous
peine d'une amende de 20 à 100 francs, sans préjudice, en cas d'incendie, des peines portées par
le Code pénal, et de tous dommages-intérêts, s'il
y a lieu. ( Art. 148 du Code forestier. )

On ne peut allumer du feu dans les champs
plus près que cinquante toises (cent mètres) des
maisons, ........ vergers, haies, meules de grains,
de paille ou de foin, sous peine d'amende. (Art. 10,
titre 2 de la loi du 6 octobre 1791.—Art. 458 du
Code pénal.)

137. En cas de négligence, le Maire fait faire l'échenillage aux frais de celui qui l'a négligé; en outre, la contravention à l'ordre d'écheniller est constatée par le Garde-champêtre.

138. Le Maire étant chargé directement de faire écheniller sur les terrains communaux non loués ni partagés, mais restés en jouissance commune, il charge un Garde-champêtre de surveiller et diriger l'opération, qui est payée sur les fonds municipaux et par une allocation au budget.

139. Le temps le plus propre pour écheniller, c'est lorsqu'il fait froid, parce qu'alors toutes les jeunes chenilles sont rassemblées dans leurs nids; si on n'a pas eu cette précaution dans l'hiver, on ne peut plus écheniller qu'après une forte pluie, qui a fait rentrer les chenilles. (Instr. du Ministre de l'intérieur, du 10 mars 1799.)

## CHAPITRE 5.

### *Ban des vendanges.*

140. La garde des vignes est soumise à des règles spéciales, fondées sur la loi du

6 octobre 1791 : «.... Dans les pays où
« le ban de vendange est en usage, il
« pourra être fait à cet égard un réglement
« chaque année par le Conseil général de
« la Commune, mais seulement pour les
« vignes non closes. » (Art. 2 de la sect. 5
du titre 1er.)

141. L'arrêté que prend l'autorité locale
pour mettre les vignes non closes en ban,
c'est-à-dire, pour en interdire l'entrée à toute
personne, même au propriétaire, doit s'exécuter de la part des Gardes-champêtres,
à dater du jour fixé par le Maire.

Les contraventions sont constatées par
des rapports. (N° 18 de l'article 475 du
Code pénal. — Arrêt de la Cour de cassation, du 24 avril 1829.)

142. Un enclos commun à différens propriétaires, dont les parts sont distinctes et
sans clôture entr'elles, est soumis au ban
de vendange, encore que cet enclos commun
soit entouré de haies. (Arrêt de la Cour de
cassation, du 18 août 1827.)

143. Tant que dure le ban des vendanges,
c'est-à-dire, depuis que le raisin commence

à se colorer jusqu'après la récolte, on ne peut entrer dans les vignes sans une permission écrite du Maire ou sans être accompagné par le Garde-champêtre, ce dernier autorisé par le Maire.

144. L'arrêté de l'autorité locale qui met les vignes en ban, peut aussi fixer le jour où, la récolte étant terminée, le grappillage est permis. (Arrêt de la Cour de cassation, du 3 février 1827.)

## CHAPITRE 6.

### *Gardes des vignes.*

145. Dans les pays où les vignobles sont considérables, il est d'usage de nommer, pendant la durée du ban et jusqu'après l'enlèvement des échalas, des gardes pour les vignes.

Leur nomination a lieu comme celle des autres Gardes-champêtres. (Ordonnance du 28 novembre 1820.) Ils sont, comme eux, Officiers de police judiciaire. Leur autorité et leur traitement cessent avec leur mission.

# SECTION VI.

## POLICE DE SURETÉ.

### CHAPITRE 1<sup>er</sup>.

### *Mendicité.*

146. Les Gardes-champêtres doivent seconder l'autorité municipale, pour empêcher la mendicité et en provoquer la répression.

Ils doivent conduire devant le Maire tout mendiant d'habitude, valide (*).

147. La mendicité est expressément défendue, de la part de tout individu valide ou non valide, dans une commune où il existe un établissement public de charité, organisé pour obvier à la mendicité. ( Art. 274 du Code pénal. )

(*) On entend par *valide*, tout indigent, de l'un ou de l'autre sexe, qui peut travailler à l'extérieur à des ouvrages de terrassement, ou, à l'intérieur, à des travaux de filature, de tissage, de tricotage et autres; les indigens non valides sont les enfans trop jeunes pour pouvoir travailler, les vieillards, les malades et les infirmes.

## CHAPITRE 2.

### *Surveillance des étrangers.*

148. Les Gardes-champêtres concourent avec la gendarmerie, à la surveillance des étrangers.

« Ils doivent prévenir lorsqu'il s'établit « dans leurs communes des individus étran- « gers à la localité. » ( Art. 5 du décret du 11 juin 1806. )

## CHAPITRE 3.

### *Forçats libérés.*

149. Les Gardes-champêtres doivent, d'après l'avis que leur en donne le Maire de leur commune, concourir à la surveillance des forçats libérés, obligés à ne pas quitter la résidence qui leur est assignée (*).

(*) « Tout forçat sera tenu de déclarer dans « quel département et dans quelle commune il « veut fixer sa résidence. ( Art. 1er du décret du 10 mars 1805. )

« Aucun forçat libéré ne pourra quitter le lieu « de sa résidence, sans l'autorisation du Préfet. ( Art. 10 du décret du 17 juillet 1806. )

## CHAPITRE 4.

### *Soldats retardataires ou déserteurs.*

150. Les Gardes-champêtres doivent seconder avec zèle les recherches de la gendarmerie, et s'empresser de communiquer à cette force armée tous les renseignemens et tous les indices parvenus à leur connaissance, sur le lieu présumé de la retraite des jeunes soldats retardataires ou des déserteurs (*). (Instr. du Ministre de l'intérieur, du 26 juin 1819.)

## CHAPITRE 5.

### *Incendies.*

151. La fréquence des incendies, causée dans plusieurs départemens soit par le défaut de précautions et de prudence, soit par la malveillance, a fait prendre diverses mesures, à l'exécution ou à la surveillance desquelles les Gardes-champêtres doivent prendre une part active.

(*) Voir au titre 1er le chapitre 3 de la sect. 2 : *Gratifications pour arrestations.*

152. Voici l'indication de quelques-unes de ces dispositions :

Etablissement de rondes de nuit, composées de trois ou quatre personnes. (Inst. du Ministre de l'intérieur, du 14 déc. 1815.)

Défense d'allumer du feu dans les rues et dans les champs, à une distance de cent mètres au moins.

Défense d'employer la paille, les genêts ou autres plantes, ainsi que les bardeaux, pour les toitures des maisons. (N° 5 de l'art. 3, titre 11, de la loi du 24 août 1790, qui charge l'autorité municipale du soin de prévenir, par des précautions convenables, les incendies, etc.)

Visite semestrielle ou trimestrielle des cheminées et des fours, pour constater les négligences de les entretenir, réparer ou nettoyer. (N° 1 de l'art. 471 du Code pénal.)

Défense de tirer en certains lieux, des pièces d'artifice. (N° 2 du même article.)

Défense de faire sécher le chanvre ou le lin, soit dans les fours, soit dans l'intérieur des cheminées.

Défense de broyer ou teiller, de façonner

et peigner le chanvre ou le lin, pendant la nuit et à la lumière, dans une maison, grange ou hallier.

Défense de s'introduire dans des granges ou dans des greniers à foin, ou près des meules de grains, de paille ou de foin, avec une pipe allumée ou avec une lumière qui ne serait pas placée dans une lanterne solide et soigneusement fermée. etc. etc.

153. Il est nécessaire que les Gardes-champêtres aient connaissance de l'article 458 du Code pénal, ainsi conçu :

« L'incendie des propriétés mobilières ou
« immobilières d'autrui, qui aura été causé
« par la vétusté ou le défaut soit de répa-
« ration, soit de nettoyage des fours, che-
« minées, forges, maisons ou usines pro-
« chaines, ou par des feux allumés dans
« les champs, à moins de cent mètres des
« maisons, édifices, forêts, bruyères, bois,
« vergers, plantations, haies, meules, tas
« de grains, paille, foin, fourrages, ou de
« tout autre dépôt de matières combustibles,
« ou par des feux ou lumières portés ou
« laissés sans précaution suffisante, ou par

« des pièces d'artifice allumées ou tirées par
« négligence ou imprudence, sera puni
« d'une amende de cinquante francs au
« moins et de cinq cents francs au plus. »

## CHAPITRE 6.

### *Bâtimens menaçant ruine.*

154. Des bâtimens qui menacent ruine
sur la voie publique compromettent la sûreté
des habitans. L'autorité municipale est chargée d'ordonner la réparation ou la démolition de ces bâtimens. (Art. 18, titre 1er
de la loi du 22 juillet 1791.)

Les Gardes-champêtres doivent constater
les faits de ce genre, soit d'après les plaintes
qui leur sont portées, soit d'après leurs
propres observations.

Quand un Maire ordonne la démolition
d'un bâtiment menaçant ruine, il peut char-
ger, par son arrêté, un Garde-champêtre
d'en surveiller et d'en constater l'exécution.

# SECTION VII.

## CHASSE.

### CHAPITRE I<sup>er</sup>.

*Police de la Chasse.*

155. Les délits de chasse sont constatés par les Gardes-champêtres; ils en sont chargés expressément par les articles 8 et suivans de la loi du 30 avril 1790.

156. Leurs rapports sont dressés par écrit ou faits de vive-voix au secrétariat de la mairie où il en est tenu registre.

157. Dans l'un ou l'autre cas, ces rapports doivent être affirmés dans les vingt-quatre heures du délit qui en fait l'objet.

158. Ils font foi dans leur contenu, sauf la preuve contraire qui peut être admise, sans l'inscription de faux. ( Art. 10 de la loi du 30 avril 1790. )

159. Il peut être suppléé à un rapport par la déposition de deux témoins. ( Art. 11 de la même loi. — Articles 154 et 189 du Code d'instruction criminelle. — Arrêt de la Cour de cassation, du 17 avril 1823. )

160. Il y a délit de chasse pour toute personne qui chasse, en quelque temps et de quelque manière que ce soit, sur le terrain d'autrui, sans son consentement. ( Art. 1er de la même loi. )

161. Pour que la disposition pénale de cette loi soit appliquée, il faut qu'il y ait plainte, soit du propriétaire, soit de toute autre partie intéressée. ( Art. 8 de la même loi. )

Ainsi, les procès-verbaux et rapports relatifs à des délits de chasse sur le terrain d'autrui, et sans le consentement du propriétaire, seront remis à celui-ci pour en poursuivre l'effet.

162. Il n'est pas nécessaire que les contrevenans soient désignés nommément dans les procès-verbaux des Gardes-champêtres, ces Gardes pouvant ne pas connaître leurs noms et prénoms.

Il suffit qu'ils soient désignés d'une manière spéciale qui ne permette pas de les méconnaître. ( Arrêt de la Cour de cassation, du 26 janvier 1816. )

163. Il y a délit de chasse, par cela

seul qu'un individu a tiré, sur le terrain d'autrui, un coup de fusil, même sur une corneille, et bien qu'il ne fût que dans une avenue. ( Arrêt de la Cour de cassation, du 13 novembre 1818. )

164. Chaque année, le Préfet du département fixe l'époque de l'ouverture de la chasse par un arrêté imprimé, qui est publié dans les communes, quinze jours avant celui où la chasse est permise. ( Proclamation du Roi, du 12 août 1790. — Article 1er de la loi du 30 avril précédent. )

Un autre arrêté fixe la clôture de la chasse, soit dans les champs découverts, soit dans les bois.

165. On appelle temps prohibé, celui qui s'écoule depuis la clôture de la chasse jusqu'à son ouverture.

166. Il doit être dressé procès-verbal contre tout individu trouvé chassant en temps prohibé.

167. Il y a délit de chasse, lorsque l'arrêté du Préfet permet la chasse sur les terres dépouillées de leurs fruits et récoltes, à une époque déterminée, et lorsque l'on chasse

à travers des champs encoré couverts, à cette même époque, de grains sur pied. (Arrêt de la Cour de cassation, du 16 avril 1829.)

168. Lorsque plusieurs individus réunis chassent en temps prohibé, ou sans permis de port-d'armes, ou sur des terrains où ils n'ont pas le droit de chasser, il est essentiel que le Garde signale chacun de ces individus, parce qu'il y a autant de délits particuliers qu'il y a de délinquans, et que chaque individu est personnellement passible de l'amende et de l'indemnité fixées par la loi. (Arrêt de la Cour de cassation, du 17 juillet 1823.)

L'indemnité ou gratification accordée à un Garde-champêtre pour chaque délinquant, est de cinq francs. (Art. 2 de l'ordonnance du 17 juillet 1816.)

169. Les Maires sont autorisés à affermer le droit de chasser dans les bois communaux. (Décret du 14 juin 1805.)

170. Il est expressément défendu aux Gardes-champêtres de chercher à désarmer les chasseurs. (Art. 5 de la loi du 30 avril 1790.)

171. « Les pères et mères répondront « des délits de leurs enfans mineurs de « vingt ans, non mariés, et domiciliés avec « eux, sans pouvoir néanmoins être con-« traints par corps. » ( Art. 6 de la loi du 30 avril 1790. )

172. Les Gardes-forestiers ne sont autorisés à porter un fusil simple que *pour leur défense*, lorsqu'ils font leurs tournées et visites dans les forêts. ( Art. 30 de l'ordonnance du 1er août 1827. )

Ainsi la chasse leur est interdite.

Les Gardes-champêtres doivent rendre compte des faits de chasse des Gardes-forestiers, ou les constater par des rapports.

173. Le fait de braconnage commis par un Garde-champêtre, et constaté aux yeux de l'autorité administrative, doit entraîner la destitution, sans préjudice des poursuites devant le tribunal correctionnel.

## CHAPITRE 2.

### *Port-d'armes de chasse.*

174. Personne ne peut *chasser*, sans

avoir obtenu du Préfet du département, un permis de port-d'armes de chasse.

175. Le permis est accordé, sous la condition expresse d'en justifier à toute réquisition des Maires et Adjoints des communes rurales, de la gendarmerie, des Gardes-champêtres et de tout agent de l'autorité publique.

176. Ces permis sont uniformes pour toute la France; ils ne sont valables que pour un an, à dater du jour de la délivrance. ( Art. 2, 10 et 12 du décret du 11 juin 1810.)

Chaque permis (*) contient les nom, prénoms, qualités et lieu de résidence de la personne à laquelle le Préfet l'a délivré.

Il contient également le signalement et la signature de cette personne.

177. Ce signalement et la signature donnent les moyens de reconnaître si le permis n'appartient pas à une personne qui s'en serait dessaisie et l'aurait prêté.

(*) Le droit sur chaque permis de port-d'armes de chasse est de quinze francs. (Article 77 de la loi du 28 avril 1816, confirmé annuellement par la loi qui règle le budget de l'état. — Ordonnance du 17 juillet 1816.)

Cette transmission frauduleuse est un délit qui doit être constaté. (Déclaration du Roi, du 7 mars 1733.)

178. Un permis de port-d'armes de chasse est valable non seulement dans le département qu'administre le Préfet qui l'a délivré, mais dans toute la France.

179. Le permis ne donne à personne le droit de chasser hors de sa propriété, ou hors des terrains où l'on lui a loué la chasse, ou bien hors des terrains dont les propriétaires ont accordé le droit de chasser pendant le temps permis.

180. Nul n'est dispensé de se procurer un permis de port-d'armes de chasse.

Une instruction ministérielle du 20 octobre 1821 rappelle ce principe : « L'in- « tention formelle du gouvernement est « de sévir contre tout fonctionnaire, em- « ployé ou agent qui donnerait le dan- « gereux exemple de la désobéissance aux « lois......... Les réglemens ne dispensent « personne..... Les contraventions doivent « être constatées, la répression doit en être « poursuivie, quels que soient le rang et les

« fonctions du contrevenant..... Sur quel-
« ques points, des Maires et des Officiers
« de gendarmerie chassent sans permis de
« port-d'armes, donnant ainsi le fâcheux
« exemple des contraventions aux lois, tan-
« dis qu'ils devraient être les premiers à
« s'y soumettre et à les faire respecter. »

181. Le fermier et même le propriétaire
ne peut chasser sur ses terres closes ou non
closes, même en temps non prohibé, sans
permis de port-d'armes. ( Arrêt de la Cour
de cassation, du 7 mars 1823. — Autre
arrêt du 23 février 1827. )

182. Il y a délit, lorsqu'on *chasse* sans
permis de port-d'armes de chasse, soit que
ce fait de chasse soit licite ou non licite.

Pour qu'il y ait délit, il faut que le défaut de permis de port-d'armes de chasse soit
joint à un fait de chasse quelconque, licite ou
illicite.

183. Dans tout autre cas, le port d'armes
non prohibées (*) est un acte permis. « Les

(*) On entend par armes prohibées, les poi-
gnards, couteaux en forme de poignard, soit
de poches, soit de fusil, des bayonnettes, pistolets

« gens non domiciliés, vagabonds (*) et
« sans aveu, doivent seuls être examinés
« et poursuivis par la gendarmerie et tous
« les Officiers de police (les Gardes-cham-
« pêtres et les Appariteurs) lorsqu'ils sont
« porteurs d'armes, à l'effet d'être désarmés
« et même traduits devant les tribunaux... »

de poches, épées en bâton, bâtons à ferrement
autres que ceux qui sont ferrés par le bout....
(Déclaration du Roi, du 23 mai 1728, réimprimée
à la suite du décret du 12 mars 1806.)

Un décret du 23 décembre 1805 défend le port
des fusils et pistolets à vent. (Arrêt de la Cour
de cassation, du 6 août 1824.)

Les stilets et tromblons sont défendus par l'article
314 du Code pénal.

L'usage des armes à feu brisées par la crosse
ou par le canon est interdit à toutes personnes,
sans distinction de qualité, de temps ni de lieux.
(Art. 3, titre 30 de l'Ordonnance d'août 1669.)

(*) Il faut entendre par vagabonds et gens
sans aveu, les individus qui, n'ayant ni profession, ni métier, ni domicile fixe et certain, ne
peuvent se faire certifier de leurs bonnes vie et
mœurs par personnes dignes de foi. ( Ordonnance
de 1670, art. 12 du titre 1er. — Déclaration du
5 février 1731.)

(Avis du Conseil d'état, du 10 mai 1811, approuvé le 17.)

184. Lorsqu'il y a délit de chasse, en temps prohibé et sans permis de port-d'armes, il y a deux délits distincts, punis par la loi du 30 avril 1790 et par le décret du 4 mai 1812. (Arrêt de la Cour de cassation, du 28 novembre 1828.)

Le Garde-champêtre qui constate un délit de chasse en temps prohibé, doit requérir l'exhibition du permis de port-d'armes, et si le chasseur n'en est pas pourvu, constater ce second délit dans son procès-verbal ou rapport.

## Chapitre 3.

### *Louveterie.*

185. Les Gardes-champêtres doivent seconder MM. les Officiers de louveterie, commissionnés par le Grand-Veneur de France, pour la destruction des animaux nuisibles (loups, sangliers, renards et chats sauvages).

Les ordres et instructions que les Gardes-champêtres peuvent avoir à recevoir sous ce rapport, doivent être donnés par le Maire de la commune; c'est à celui-ci que doivent s'adresser en premier ordre les Officiers de louveterie.

## CHAPITRE 4.

### *Traques.*

186. Lorsque l'autorité administrative organise des traques ou des battues générales pour la destruction des animaux nuisibles, les Gardes-champêtres reçoivent des Maires des instructions sur la part qu'ils doivent y prendre, et surtout sur la convocation des traqueurs et sur la vérification de leur exactitude à se rendre à l'appel qui leur est fait par l'autorité.

187. Les Gardes-champêtres étant porteurs de la liste des habitans requis pour une traque, dressent des procès-verbaux contre ceux qui ne se trouvent pas au rendez-vous à l'heure indiquée, ou qui n'assistent pas à la traque pendant toute sa durée, ou qui manquent aux règles établies pour maintenir l'ordre.

Ces procès-verbaux sont jugés conformément au n° 12 de l'article 475 du Code pénal.

## CHAPITRE 5.

### *Primes.*

188. Un Garde-champêtre autorisé par le Préfet à porter un fusil (art. 4 de la sect. 7, titre 1er de la loi du 6 octobre 1791), ne doit pas négliger, dans ses tournées, et lorsque l'occasion s'offre à lui, de tirer sur les animaux nuisibles.

Il reçoit la prime qui est fixée ainsi qu'il suit : pour une louve pleine, 18 fr.; pour une louve non pleine, 15 fr.; pour un loup, 12 fr.; pour chaque louveteau, 6 fr.

189. La prime accordée pour les loups tués dans les traques ou dans les chasses particulières, est également payée pour les animaux pris dans des piéges ou louvières.

## CHAPITRE 6.

### *Appâts empoisonnés.*

190. Pour parvenir à la destruction des loups, il est des cantons où les Maires font

préparer des appâts empoisonnés : les Gardes-chasse et les Gardes-champêtres peuvent être chargés de les préparer et de les placer en lieu convenable. (*) (Inst. du Ministre de l'intérieur, du 9 juillet 1818.)

(*) *Recette pour l'empoisonnement des loups.* Prendre un chien hors de service, de grosse ou de moyenne taille, et l'étrangler ; faire à son corps, dans les parties charnues, avec une broche de fer, quinze à vingt trous profonds, et faire au ventre des incisions ; mettre dans chaque trou ou incision de la noix vomique, rapée fraîchement et le plus fin possible. La quantité totale de noix vomique est de 4 hectogrammes (environ trois quarts de livre).

Boucher ces trous avec de la fiente de vache, ou plutôt coudre l'ouverture de ces trous et des incisions.

Passer dans les jarrets de derrière de l'animal, un fort osier et non une corde, parce qu'on remarque que la corde peut conserver l'odeur de l'homme.

Placer le corps, ainsi préparé, dans un fumier chaud ; l'en couvrir et l'y laisser 4 ou 5 jours en hiver, jusqu'à ce qu'il ait contracté une forte odeur de putréfaction.

Le transporter au lieu reconnu pour être le plus

Ils doivent déférer à ce qui leur est prescrit à cet égard.

fréquenté par les loups ; le traîner par terre autour de ce lieu, en faisant de longs circuits : on doit l'y placer deux heures avant la nuit.

On doit s'abstenir avec grand soin de dépouiller de leur peau les chiens servant d'appât. Si on les écorchait, ils conserveraient l'odeur de l'homme, odeur qui éloigne les loups.

Dans quelques Départemens, on a joint à la noix vomique une forte poignée de crin coupé très-menu, c'est-à-dire, de la longueur de deux millimètres ( une ligne ), et autant de verre pilé. On y mêle également 6 ou 8 oignons de colchique d'automne, ( plante connue dans les campagnes sous les noms vulgaires de *Veilleuse*, *Veillote*, *Fraidolina* ou de *Tue-Chien*. Elle fleurit dans les prés en automne, couleur de lilas pâle.) Les oignons broyés se réduisent en pâte laiteuse, et se mêlent facilement avec la poudre de noix vomique, le crin haché et le verre pilé.

*Construction des fosses à loup ou louvières.* Ouvrir une fosse de 3 mètres et demi à 4 mètres ( 10 à 12 pieds ), de manière que le fond soit le double plus large que l'ouverture ; ce fond peut avoir 2 mètres et demi à 3 mètres (8 à 9 pieds) de diamètre.

Placer un bâton en travers de l'ouverture, qui

# SECTION VIII.

## POLICE DE LA PÊCHE.

191. Les Gardes-champêtres sont tenus de constater les délits de pêche commis en quelques lieux que ce soit, c'est-à-dire, dans les fleuves et rivières navigables ou flottables, les canaux, ruisseaux ou cours d'eau quelconques. (Art. 5 et 36 de la loi du 15 avril 1829.)

192. Ils doivent savoir qu'il est défendu de pêcher dans les fleuves et rivières navigables et flottables, canaux, ruisseaux ou cours d'eau quelconques, sans la permission de celui à qui la pêche appartient;

La pêche n'est permise qu'à la ligne flottante tenue à la main, le temps du frai excepté, et dans les fleuves, rivières et ca-

est ensuite couverte de branchages menus et de paille, et ensuite d'un lit de feuilles mortes, comme les bois en sont jonchés.

Lorsque la *louvière* est près des habitations, on attache pendant plusieurs heures du soir, sur le bâton qui traverse la fosse, une oie ou un canard, dont les cris peuvent attirer les loups.

naux navigables ou flottables. ( Art. 5 de la même loi. )

Qu'il est défendu de placer dans les rivières navigables ou flottables, canaux et ruisseaux, aucun barrage, appareil ou établissement quelconque de pêcherie, ayant pour objet d'empêcher entièrement le passage du poisson ; que les appareils ou établissemens de pêche doivent être saisis (Art. 24 de la même loi ) ;

Qu'il est défendu de jeter dans les eaux des drogues ou appâts qui sont de nature à énivrer le poisson ou à le détruire ( Art. 25 de la même loi ) ;

Qu'il y a délit, lorsqu'on pêche dans les temps, saisons et heures pendant lesquels la pêche est interdite par une Ordonnance royale, dans les rivières et cours d'eau quelconques ;

Qu'il y a délit, lorsqu'on fait usage de procédés ou modes de pêche, ou de filets, engins ou instrumens défendus comme étant de nature à nuire au repeuplement des rivières ;

Qu'il y a délit, lorsque des individus sont

trouvés porteurs ou munis, hors de leur domicile, d'engins ou instrumens de pêche prohibés, à moins que ces engins ou instrumens ne soient destinés à la pêche dans des étangs ou réservoirs (*); qu'en cas de délit, on doit saisir les engins et instrumens;

Qu'il y a délit, lorsqu'on pêche, colporte ou débite des poissons qui n'ont point les dimensions déterminées par les ordonnances; que ces poissons doivent être saisis; qu'il n'y a pas de délit, et, par conséquent, qu'il n'y a pas lieu à dresser de procès-verbal, lorsque ces poissons proviennent d'étangs ou de réservoirs;

Qu'il y a délit, lorsque des pêcheurs appâtent leurs hameçons, nasses, filets ou autres engins, avec des poissons des espèces prohibées par les ordonnances ( Art. 31 de la même loi );

Qu'il y a délit, lorsque les fermiers de

(*) « Sont considérés comme des étangs ou ré-
« servoirs, les fossés et canaux appartenant à des
« particuliers, dès que leurs eaux cessent natu-
« rellement de communiquer avec les rivières. »
( Art 30 de la loi du 15 avril 1829. )

la pêche ou porteurs de licence, leurs associés, compagnons ou gens à gages, font usage de filets ou engins, sans qu'ils aient été plombés ou marqués par les Agens de l'administration de la police de la pêche ( Art. 32 de la même loi );

Qu'il y a délit de la part des bateliers, contre-maîtres, etc., qui fréquentent les fleuves, rivières et canaux navigables ou flottables, lorsqu'ils ont dans leurs bateaux ou équipages, des filets ou engins de pêche, même non prohibés; que ces filets ou engins doivent être saisis.

193. Les Gardes-champêtres sont autorisés à visiter les bateaux et équipages aux lieux où l'on aborde; ils constatent alors les délits qu'ils reconnaissent. Ils doivent constater également le refus que feraient des bateliers de souffrir la visite. ( Art. 33 et 36 de la même loi.)

194. Les fermiers de la pêche et les porteurs de licence, et tous pêcheurs en général, dans les fleuves, rivières, canaux ou contre-fossés navigables ou flottables, sont tenus d'amener leurs bateaux et de faire

l'ouverture de leurs loges et hangards, ban-
netons, huches et autres réservoirs ou boutiques à poisson, sur leurs cantonnemens,
à toute réquisition des Gardes-champêtres,
Agens et Préposés de l'administration de
la pêche, à l'effet de constater les contraventions qui pourraient être par eux commises aux dispositions des lois et ordonnances. (Art. 34 de la même loi.)

195. Les Gardes-champêtres doivent
dresser des procès-verbaux contre ceux qui
s'opposeraient à la visite ou qui refuseraient
l'ouverture de leurs boutiques à poisson.

196. Les Gardes-champêtres doivent seconder les Gardes-pêche et leur donner
tous les renseignemens et indications nécessaires pour reconnaître et constater les
délits commis dans leurs cantonnemens.

197. « Les Gardes-pêche ont le droit de
« requérir directement la force publique,
« pour la répression des délits en matière
« de pêche, ainsi que pour la saisie des
« filets prohibés et du poisson pêché en
« délit. » (Art. 43 de la loi du 15 avril 1829.
— Art. 133 de la loi du 17 avril 1798.)

198. D'après l'article 8 de la loi du 15 avril 1829, ces Gardes-pêche peuvent être déclarés responsables de ces délits, et passibles des amendes et indemnités encourues par les délinquans, lorsqu'ils n'ont pas dûment constaté les délits.

# SECTION IX.

## POLICE DES SUBSISTANCES.

### CHAPITRE 1<sup>er</sup>.

### *Libre circulation des grains.*

199. La circulation des grains est entièrement libre dans l'intérieur de la France (*). (Art. 1<sup>er</sup> de la loi du 9 juin 1797, confirmé par l'art. 9 de la loi du 2 décembre 1814. — Instr. ministérielle de novembre 1816.)

200. Les Maires et Adjoints, et tous les autres fonctionnaires, soit civils, soit mili-

(*) « Toute personne convaincue d'y avoir porté « atteinte (*à la libre circulation des grains*) sera « poursuivie et condamnée, outre la restitution, « à une amende de la moitié de la valeur des « grains arrêtés, pour le paiement de laquelle « il sera donné caution : faute de quoi, la peine « de six mois d'emprisonnement sera prononcée. » (Art. 2 de la loi du 9 juin 1797.)

« Les Officiers municipaux et autres fonction-« naires, soit civils, soit militaires, qui n'auraient « pas fait tout ce qui est en leur devoir pour l'exé-« cution de l'article 1<sup>er</sup>, seront soumis aux peines « portées par l'article 2. » (Art. 3 de la même loi.)

taires, doivent assurer cette circulation. (Loi du 9 juin 1797.)

201. Cette attribution concerne les Gardes-champêtres, soit qu'ils agissent de leur propre mouvement, en vertu de leur qualité d'Officiers de police judiciaire, soit par suite de la réquisition de la partie lésée, soit d'après les ordres du Maire, à qui la partie lésée a pu s'adresser.

## CHAPITRE 2.

### *Commerce des grains.*

202. Les manœuvres tendantes à opérer la hausse du prix des grains, farines, pain, vin, boissons et autres denrées ou marchandises, par des faits faux ou calomnieux, par des sur-offres faites aux prix que demandaient les vendeurs eux-mêmes, par réunion ou coalition entre les principaux détenteurs d'une même denrée ou marchandise, sont défendues et sont punies par la loi. (Articles 419 et 420 du Code pénal.)

203. Les Gardes-champêtres doivent se tenir informés des faits de cette nature, en rechercher et en constater les preuves, rendre

compte de leurs démarches, dès l'origine, au Maire. Ce devoir est fondé sur l'article 29 du Code d'instruction criminelle, et sur l'article 314 de l'Ordonnance du 29 octobre 1820.

204. Toute personne qui se présente soit sur les marchés publics, soit dans les greniers des cultivateurs ou détenteurs de grains, à un titre quelconque, pour y faire des acquisitions de grains ou de farines sensiblement supérieures à sa consommation et à celle de sa famille, peut être requise par le Maire du lieu ou par l'Officier chargé de la police (le Commissaire de police ou un Garde-champêtre) d'exhiber une patente. ( Loi du 22 octobre 1798. — Instruction ministérielle de novembre 1816. )

## CHAPITRE 3.

### *Transport des grains hors du royaume.*

205. L'exportation des grains, farines et légumes secs, hors du royaume, est presque toujours permise, soit par mer, soit par les frontières de terre.

206. Elle n'est suspendue que lorsque le

prix de l'hectolitre de froment surpasse un prix fixé par les lois. ( Lois des 2 décembre 1814 et 4 juillet 1821. — Instruction ministérielle du 10 octobre 1819. )

Des publications faites par l'autorité administrative supérieure le font toujours connaître aux Maires, et, par ceux-ci, aux Gardes-champêtres.

207. Lorsque l'exportation des grains et farines est prohibée, il y a, de la part des Gardes-champêtres, une surveillance à exercer sur les moulins, soit à vent, soit à eau, placés dans l'étendue du territoire formant la ligne des douanes, près de la frontière de terre (*). (Art. 3 du décret du 1er novembre 1805. )

(*) « Les moulins situés à l'extrême frontière
« pourront être frappés d'interdiction par mesure
« administrative et par décision des Préfets, lors-
« qu'il sera justifié qu'ils servent à la contrebande
« des grains et farines ; le tout, sauf le pourvoi
« pardevant nous ( le Roi ) en notre Conseil d'état. »
( Art. 2 du décret du 1er novembre 1805. — Art.
76 de la loi du 30 avril 1806. )
« Ces faits devront être légalement constatés
« par procès-verbaux de saisie ou autres, dressés

# SECTION X.

## POLICE DE SALUBRITÉ.

### CHAPITRE 1er.

*Etablissemens à odeur insalubre ou incommode.*

208. Les manufactures, usines, ateliers ou établissemens quelconques, dont l'exploitation ou les produits répandent à l'extérieur une odeur insalubre ou incommode, ne peuvent être fondés et mis en activité, ou bien être remis en activité lorsqu'ils ont éprouvé une interruption de six mois dans leurs travaux, que par la permission de l'autorité administrative. (Décret du 5 octobre 1810. — Ordonnance du 14 janvier 1815.)

209. Tout établissement de ce genre, non autorisé, est en contravention aux réglemens (*).

« par les autorités locales (*les Gardes-champêtres « peuvent en rédiger en ce cas*) ou par les préposés « des douanes. » (Art. 77 de la même loi.)

(*) Parmi les ateliers et établissemens qui, à raison de l'insalubrité, ou de l'incommodité, ou

210. Les Gardes-champêtres doivent, soit de leur propre mouvement, soit d'après l'ordre du Maire, soit sur la réquisition d'une partie lésée, dresser des procès-verbaux pour constater les contraventions, indiquer avec soin la nature et la situation de la fabrication, l'état des lieux.

Tout procès-verbal de ce genre doit être remis au Maire et transmis par celui-ci au Procureur du Roi.

Le Maire en rend compte au Sous-Préfet.

des dangers qui en résultent pour le voisinage, ne peuvent être formés spontanément et sans permission, les plus communs sont : les amidonniers, les fabriques de colle-forte, les tanneries et chamoiseries, les tuileries et briqueteries, les chandelleries, les chapelleries, les fours à chaux et à plâtre, les dépôts d'immondices et débris d'animaux, les porcheries, etc. etc. (*Voyez*, outre l'ordonnance du 14 janvier 1815, celles des 29 juillet 1818, 25 juin et 29 octobre 1823, 20 août 1824, 9 février 1825 et 5 novembre 1826.)

## Chapitre 2.

### *Inhumations.*

211. Les cimetières et lieux de sépulture, soit qu'ils appartiennent aux communes, soit qu'ils appartiennent aux particuliers, sont soumis à l'autorité, police et surveillance des administrations municipales, c'est-à-dire, les Maires et leurs Agens. (Art. 16 du décret du 12 juin 1804.)

212. « Les autorités locales (les Maires « et leurs Agens ) sont spécialement char- « gées de maintenir l'exécution des lois et « réglemens qui prohibent les exhumations « non autorisées, et d'empêcher qu'il ne se « commette dans les lieux de sépulture « aucun désordre, ou qu'on s'y permette « aucun acte contraire au respect dû à la « mémoire des morts. » ( Art. 17 du même décret. )

213. Les Gardes-champêtres doivent sur- veiller exactement tout ce qui est relatif à la police des inhumations. Il est essentiel qu'ils connaissent les dispositions suivantes :

« Chaque inhumation aura lieu dans une

« fosse séparée ; chaque fosse qui sera ou-
« verte aura 1 mètre 5 décimètres à 2 mètres
« de profondeur, sur 8 décimètres de lar-
« geur, et sera ensuite remplie de terre bien
« foulée. » (Art. 4 du décret du 12 juin
1804.)

« Les fosses seront distantes les unes des
« autres de 3 à 4 décimètres sur les côtés,
« et de 3 à 5 décimètres à la tête et aux
« pieds. » (Art. 5 du même décret.)

« Pour éviter le danger qu'entraîne le
« renouvellement trop rapproché des fosses,
« l'ouverture des fosses, pour de nouvelles
« sépultures, n'aura lieu que de cinq années
« en cinq années....... » (Art. 6 du même
décret.)

« Nul ne pourra, sans autorisation, élever
« aucune habitation, ni creuser aucun puits,
« à moins de cent mètres des nouveaux
« cimetières, transférés hors des communes
« en vertu des lois et réglemens. » (Art.
1.er du décret du 7 mars 1808.)

# Chapitre 3.

## *Épizooties ou maladies du bétail.*

214. Les Gardes-champêtres doivent surveiller les chevaux et les troupeaux, et rendre compte, sur-le-champ, des maladies qui se déclareront. Parmi les chevaux, c'est surtout la morve; parmi les moutons, la gale, le claveau, etc. (*)

215. Ils doivent informer le Maire, sans le moindre retard, de leurs observations,

(*) « Tout citoyen, quelques fonctions qu'il
« remplisse, qui aura des chevaux atteints ou
« soupçonnés de *morve*, ou même de toute autre
« maladie contagieuse, telle que le farcin, le char-
« bon, la rage, le claveau, etc. est tenu, à peine
« de 500 francs d'amende, d'en faire sur-le-champ
« sa déclaration à l'agent municipal ( le Maire )
« de sa commune, qui fera visiter sans délai les
« animaux affectés ou suspects, par l'artiste vé-
« térinaire le plus prochain, lequel se transportera
« à cet effet dans les écuries, étables et bergeries,
« pour constater l'état des animaux déclarés. »
( Art. 1ᵉʳ de l'arrêté du Ministre de l'intérieur, du
26 août 1797, fondé sur l'article 1ᵉʳ de l'arrêt
du Conseil d'état, du 16 août 1784. )

même quand ils ne feraient que soupçonner la maladie.

216. La surveillance a lieu non seulement dans les étables et écuries et dans les pacages du bétail, mais aussi dans les foires et marchés. ( Instruction du Ministre de l'intérieur, du 19 août 1818. )

217. « Toute personne est autorisée à « dénoncer les contraventions qui pour- « raient être faites aux dispositions relatives « à l'existence de la morve et des autres « maladies contagieuses; et le tiers des « amendes qui seront payées sans déport, « appartient au dénonciateur, auquel il « pourra être accordé une plus grande ré- « compense, à raison de l'importance de « sa dénonciation. » (Art. 13 de l'arrêté du Ministre de l'intérieur, du 26 août 1797. )

218. Cette surveillance doit être l'objet de l'attention journalière des Gardes-champêtres, qui, outre leur inspection personnelle, doivent interroger les pâtres sur l'état sanitaire des troupeaux.

219. Ces pâtres sont responsables quand ils cachent les maladies contagieuses dans

le troupeau confié à leur garde, quand ils traitent ces maladies sans en avoir fait la déclaration au Maire, quand ils laissent divaguer les bêtes malades dans les pâturages communs, etc. (Articles 5 et 6 de l'arrêté du Ministre de l'intérieur, du 26 août 1797, fondés sur les articles 4 et 11 de l'arrêt du Conseil d'état, du 16 août 1784.)

Les contraventions des Pâtres sont constatées par les Gardes-champêtres.

220. « En cas d'épizootie dans une pro-
« vince, sur la demande des autorités ad-
« ministratives, les gardes nationales, la
« gendarmerie, les Gardes-champêtres, et,
« au besoin, les troupes de ligne, seront
« employés pour assurer l'exécution des
« dispositions rappelées et indiquées dans
« le précédent article (*), et notamment

(*) « Dans tous les lieux où a pénétré l'épizootie,
« et dans ceux où elle pénétrera par la suite, les
« Préfets continueront de faire exécuter stricte-
« ment les dispositions des arrêts des 10 avril 1714,
« 24 mars 1745, 19 juillet 1746, 18 décembre
« 1774, 30 janvier 1775 et 16 juillet 1784, con-
« cernant les épizooties. » ( Art. 1er de l'ordonnance du 27 janvier 1815.)

« pour former des cordons et empêcher
« la communication des animaux suspects
« avec les animaux sains. » (Art. 2 de l'Ordonnance du 27 janvier 1815.)

## CHAPITRE 4.

### *Enfouissement des animaux morts.*

221. L'article 13 du titre 2 de la loi du
6 octobre 1791 est ainsi conçu :

Art. 13. « Les bestiaux morts seront en-
« fouis dans la journée, à quatre pieds de
« profondeur, par le propriétaire et dans
« son terrain, ou voiturés à l'endroit désigné
« par la municipalité, pour y être également
« enfouis, sous peine, par le délinquant, de
« payer une amende de la valeur d'une jour-
« née de travail et les frais de transport et
« d'enfouissement. »

222. L'enfouissement de toute bête morte
de maladie épizootique doit avoir lieu dans
une fosse d'au moins huit pieds ( 2 mètres 60
centimètres) de profondeur, autant que possible au moins à cinquante toises des habitations.

L'animal est jeté seul dans la fosse, et sa

peau est tailladée en plusieurs parties. (Arrêté
du Gouvernement, du 15 juillet 1797, rappelé par l'Ordonnance du 27 janvier 1815.)

# SECTION XI.

## CHEMINS COMMUNAUX.

223. Les Gardes-champêtres doivent exercer une surveillance journalière sur la conservation des chemins communaux, reconnus, délimités et classés comme tels. (Art. 6 de la loi du 28 février 1805.)

Ils doivent constater sur le champ, par un procès-verbal, toute entreprise portant atteinte à ces chemins, comme usurpations sur leur largeur, plantations d'arbres, de haies ou d'autres clotures, ouverture de fossés sur le terrain appartenant à la voie publique.

224. Le procès-verbal est remis au Maire de la commune, qui le fera notifier à l'auteur de l'entreprise, avec injonction de rétablir, dans un délai déterminé, le chemin dans son état primitif.

225. Si le propriétaire accusé n'a pas obtempéré, dans le délai fixé, à l'injonction du Maire, ce dernier transmettra à la Sous-Préfecture, 1° le procès—verbal qui aura constaté le délit; 2° l'acte de la notification faite au délinquant.

226. Le jugement de ces usurpations, entreprises, etc., appartient au Conseil de préfecture, sauf le recours au Conseil d'état. (Art. 8 de la loi du 28 février 1805.) Mais ce conseil n'est pas compétent pour prononcer des amendes contre les auteurs de ces délits.

Ces amendes ne peuvent être appliquées aux contrevenans que par le tribunal de police. ( Ordonnance du 16 mai 1827. )

227. Les Gardes-champêtres doivent surveiller exactement, quant à la plantation des arbres à haute tige, des autres arbres et des haies vives, existant sur les terrains riverains des chemins communaux, l'exécution de l'article 671 du code civil, ainsi conçu : « Il n'est permis de planter des « arbres de haute tige qu'à la distance pres- « crite par les réglemens particuliers ac- « tuellement existans, ou par les usages cons- « tans et reconnus; et, à défaut de régle- « mens et usages, qu'à la distance de deux « mètres de la ligne séparative des deux « héritages pour les arbres à haute tige,

« et à la distance d'un demi-mètre pour
« les autres arbres et haies vives. »

228. D'après l'art. 672, l'autorité administrative peut exiger que les arbres et haies
plantés à une moindre distance soient arrachés.

229. Les Gardes doivent veiller à ce que
les arbres ni les haies des fonds voisins
des chemins n'empiètent point sur ces chemins par leurs branches ou par leurs racines.
( Art. 672 du Code civil. )

230. Les autres délits commis sur les chemins communaux, comme dépôt d'immondices, de fumier, ou de matériaux, et autres
encombremens qui nuisent au libre usage
de la voie publique, les fouillemens de
terre, les enlèvemens de bornes ou de pierres,
doivent être également constatés par les
Gardes-champêtres ; ils sont considérés, suivant les cas, comme délits de police municipale ou correctionnelle, et jugés par le
tribunal compétent. ( Art. 40, titre 2 de
la loi du 6 octobre 1791. — Arrêt de la
Cour de cassation, du 7 avril 1827. )

# SECTION XII.

SURVEILLANCE ET CONCOURS POUR LES PARTIES APPARTENANT AU SERVICE DE LA DIRECTION GÉNÉRALE DES PONTS ET CHAUSSÉES ET DES MINES.

## Chapitre 1ᵉʳ.

### *Grande voirie.*

231. Les Gardes-champêtres doivent constater toutes les contraventions en matière de grande voirie.

La loi du 19 mai 1802 caractérise comme contraventions les anticipations sur les routes, les dépôts de fumiers et d'autres objets sur la voie publique, les détériorations quelconques commises sur les grandes routes, sur les arbres qui les bordent, sur les fossés, les ouvrages et les matériaux destinés à leur entretien, sur les fleuves et rivières navigables, leurs chemins de halage, francs-bords, fossés et ouvrages d'art.

232. Les procès-verbaux des Gardes-champêtres, sur cette matière, sont rédigés sur du papier visé pour timbre ( Instruction ministérielle, du 31 décembre 1808 ) Ils

ne peuvent être affirmés que devant le Maire ou devant l'Adjoint du lieu. ( Art. 112 du décret du 16 décembre 1811, titre 9. — Art. 1er du décret du 10 mai 1812. — Motifs de l'ordonnance du 30 mai 1821.)

233. Ces procès-verbaux, après leur enregistrement qui est fait en débet par le Receveur, sont envoyés au Sous-Préfet. ( Art. 113 du décret du 16 décembre 1811.)

234. Le visa pour timbre et l'enregistrement en débet ont lieu, sauf le recours sur les parties condamnées pour le paiement du droit. (Instruction du Ministre de l'intérieur, du 31 décembre 1808.)

235. Un tiers des amendes de grande voirie appartient à l'agent qui a constaté le délit; le 2e tiers, à la commune du lieu du délit, et le 3e tiers est versé au trésor. ( Art. 115 du même décret.—Instruction du Directeur général des ponts et chaussées, du 11 août 1818.)

## CHAPITRE 2.

### *Police du roulage.*

236. Les Gardes-champêtres étant Officiers de police, sont comptés par la loi du 27 février 1804, et par l'art. 1<sup>er</sup> du décret du 23 juin 1806, au nombre des fonctionnaires qui peuvent constater les contraventions à la police du roulage, c'est-à-dire, à l'égard des voitures de roulage à plus d'un cheval et ayant des roues à jantes étroites, à l'égard de l'excédent de chargement des voitures, de la longueur des essieux, de l'emploi des cloux à tête de diamant pour les roues, des plaques de métal que doit avoir chaque voiture de roulage, etc.

237. Ils ont droit au quart des amendes prononcées. ( Art. 32 du décret du 23 juin 1806.)

238. Leurs procès-verbaux sont remis au Maire (Ordonnance du 22 novembre 1820) et envoyés au Sous-Préfet.

# CHAPITRE 3.

## *Police des voitures publiques.*

239. Une ordonnance, du 16 juillet 1828, porte réglement sur les voitures publiques, (*) c'est-à-dire sur leur construction, leur chargement et leur poids; sur le mode à

(*) Art. 1er de la loi du 28 juin 1829 : « Seront punis de l'amende portée par le paragraphe 4 de l'article 475 du Code pénal (*de six francs jusqu'à dix francs inclusivement*), ceux qui contreviendront aux dispositions des Ordonnances royales ayant pour objet,

La solidité des voitures publiques,

Leur poids,

Le mode de leur chargement,

Le nombre ou la sûreté des voyageurs,

L'indication, dans l'intérieur des voitures, des places qu'elles contiennent, et du prix de ces places, et l'indication, à l'extérieur, du nom du propriétaire.

Art. 2. « Les Tribunaux pourront en outre, suivant les circonstances, appliquer aux quatre premiers cas de contravention ci-dessus, la peine de l'emprisonnement d'un à trois jours, portée par l'article 476 du même Code. »

employer pour les conduire, sur la police des relais et des postillons; etc.

240. L'article 39 charge, entr'autres fonctionnaires, les Maires et Adjoints, la gendarmerie et tous les Officiers de police, de veiller à l'exécution de cette Ordonnance, de constater les contraventions et d'exercer les poursuites nécessaires à leur répression.

Voici les dispositions dont il importe surtout que les Gardes-champêtres aient connaissance, et à l'exécution desquelles ils doivent activement concourir :

1° Les voitures publiques doivent être constamment éclairées pendant la nuit, soit par une forte lanterne, placée au milieu de la caisse de devant, soit par deux lanternes placées aux côtés. (Art. 11 de l'Ordonnance. — Art. 475, n° 4, 476, 478 et 479 du Code pénal.)

2° Toute voiture publique doit être munie d'une machine à enrayer, au moyen d'une vis de pression, agissant sur les roues de derrière : cette machine doit être construite de manière à pouvoir être manœuvrée de la place assignée au conducteur.

En outre de la machine à enrayer, les voitures publiques doivent être pourvues d'un sabot qui est placé par le conducteur, à chaque descente rapide.

Le Préfet d'un département peut autoriser la suppression de la machine à enrayer et du sabot, aux voitures qui parcourent *uniquement* un pays de plaine. (Art. 11 de l'Ordonnance.)

3° Toute voiture publique attelée de quatre chevaux et plus, doit être conduite par deux postillons ou par un cocher et un postillon. (Art. 25 de l'Ordonnance.)

L'Ordonnance ajoute, au même article, les cas d'exception :

« Pourront néanmoins être conduites par
« un seul cocher ou postillon, les voitures
« publiques attelées de cinq chevaux au plus,
« lorsque aucune partie de leur chargement
« ne sera placée dans la partie supérieure
« de la voiture, et qu'il sera, en totalité,
« placé soit dans un coffre à l'arrière, soit
« au contre-bas des caisses, et lorsque,
« en outre, le conducteur seul aura place
« sur l'impériale. »

*

4° Les postillons ne peuvent, sous aucun prétexte, descendre de leurs chevaux. Il leur est expressément défendu de conduire les voitures au galop sur les routes, et autrement qu'au petit trot dans les villes ou communes rurales, et au pas dans les rues étroites. (Art. 26 de l'Ordonnance.)

5° La conduite des voitures publiques ne peut être confiée qu'à des hommes pourvus de livrets, délivrés par le Maire de la commune de leur domicile, sur une attestation de bonnes vie et mœurs et de capacité à conduire. Ces hommes doivent être âgés au moins de seize ans accomplis. (Art. 30 de l'Ordonnance.)

## CHAPITRE 4.

### *Police des routes.*

241. « Les rouliers, voituriers, charre-
« tiers, sont tenus de céder la moitié du
« pavé aux voitures des voyageurs, à peine
« de cinquante francs d'amende, et du
« double en cas de récidive, sans préjudice
« des peines personnelles portées aux ré-
« glemens de police. Les conducteurs de

« diligences et postillons sont autorisés à
« faire, en cas de contravention, leurs dé-
« clarations à l'Officier de police, à leur
« arrivée, en fesant connaître le nom du
« roulier ou voiturier, d'après sa plaque.
« Le Procureur du Roi, sur l'envoi du
« procès-verbal, est tenu de poursuivre
« le roulier ou voiturier. » ( Art. 16 du
décret du 28 août 1808. — Art. 12 de l'Ordonnance du 4 février 1820. — Art. 34
et 35 de l'Ordonnance du 16 juillet 1828.
— N° 3 de l'art. 475 du Code pénal.)

242. Les Maires et Adjoints, la gendarmerie et tous les Officiers de police
sont chargés spécialement de veiller à l'exécution de ces dispositions, de constater les
contraventions et d'exercer les poursuites
nécessaires à leur répression. ( Art. 39 de
l'Ordonnance du 16 juillet 1828.)

## CHAPITRE 5.

### *Police des cours d'eau.*

243. Les Gardes-champêtres doivent veiller à ce qu'il ne soit établi dans les rivières
navigables ou flottables, aucune écluse ou

usine, aucun batardeau ou digue, ou autre obstacle qui puisse nuire au libre cours des eaux. ( Art. 9 de l'arrèté du gouvernement, du 9 mars 1798. )

244. Ils veillent pareillement à ce que nul ne détourne les eaux des rivières et canaux navigables et flottables, et n'y fasse des prises d'eau ou saignées pour l'irrigation des terres, qu'après y avoir été autorisé par *le Préfet*, et sans pouvoir excéder le niveau qui aura été déterminé. ( Art. 10 du même arrêté.)

245. La même surveillance est nécessaire à l'égard des ruisseaux et autres cours d'eau, non navigables ni flottables ; cette surveillance est alors dans l'intérêt de l'agriculture.

246. Les Gardes-champêtres doivent surveiller les moulins, pour qu'on n'exhausse pas le seuil des vantileries ; pour que, lors des crues d'eau, les pales soient levées, afin d'éviter l'inondation des terrains supérieurs, etc.

## Chapitre 6: (*)

### *Chaussées du Rhône.*

247. Un décret du 15 mai 1813, en 54 articles, concerne les mesures de police et de conservation des chaussées du Rhône. L'article 49 est ainsi conçu : « Les délits « prévus par le présent réglement seront « constatés et les délinquans arrêtés, s'il « y a lieu, par les Gardes-champêtres, con- « curremment avec les *Bayles* et *Gardes-* « *chaussées*, ainsi que par tous Officiers « de police judiciaire et administrative; et « celui qui aura constaté un délit, aura « droit à la part d'amende accordée aux « Gardes-chaussées. »

248. « Les délits de voirie sont portés « devant le Conseil de préfecture, con- « formément à la loi du 19 mai 1802, « et les autres délits devant les tribunaux. » (Art. 50 du même décret.)

(*) Plusieurs actes du Gouvernement ont été rendus pour la police et la conservation des canaux de navigation. — Canal des Deux-Mers. (Décret du 12 août 1807.) — Canaux d'Orléans et du Loing. (16 mars 1810, et 22 février 1813.)

## Chapitre 7.

### *Digues et travaux de desséchement.*

249. Les Gardes-champêtres sont chargés de veiller à la conservation des travaux de desséchement, à celle des digues contre les torrens, rivières et fleuves, et sur les bords des lacs et de la mer. ( Art. 27, titre 6 de la loi du 16 septembre 1807.)

« Toutes réparations et dommages seront « poursuivis par voie administrative comme « pour les objets de grande voirie. » (Même article. — Loi du 19 mai 1802.)

## Chapitre 8.

### *Chemins de halage.*

250. D'après l'article 35 de la loi du 15 avril 1829, les fermiers de la pêche et les porteurs de licence ne peuvent user sur les fleuves, rivières et canaux navigables, que du chemin de halage (*); sur les rivières et cours d'eau flottables, que du marche-pied.

(*) La largeur du chemin de halage, c'est-à-dire, du côté que les bateaux se tirent, est de

Les Gardes-champêtres doivent constater toute entreprise, qui excéderait cette tolérance et anticiperait sur les terrains voisins.

251. Lorsque les fermiers de la pêche ont besoin de terrains pour retirer et asséner leurs filets, ils doivent traiter de gré à gré avec les propriétaires riverains.

252. L'autorité locale peut recommander aux Gardes-champêtres de donner aux fermiers de la pêche les indications nécessaires pour connaître les noms et demeures de ces propriétaires riverains.

### CHAPITRE 9.

### *Bacs et bateaux de passage.*

253. Les Maires sont chargés par la loi de surveiller les passages établis par le Gouvernement au moyen de bacs, bateaux et nacelles, sur les fleuves, rivières et canaux navigables. (Art. 31 de la loi du 26 novembre 1798.)

24 pieds (7 mètres 80 centimètres). La largeur du chemin de la rive opposée est de 10 pieds (3 mètres 25 centimètres). (Art. 7, titre 28 de l'Ordonnance de 1669.)

254. Comme toutes les autres parties de la police confiées à l'autorité municipale, cette surveillance sur les passages d'eau s'exerce au moyen des Gardes-champêtres.

255. Ces Gardes doivent demander connaissance au Maire, à chaque renouvellement du bail des bacs et bateaux, du cahier des charges, clauses et conditions de l'adjudication.

256. Ils doivent avoir attention

A ce que le fermier du passage ou ses bateliers n'exigent pas des droits supérieurs à ceux qui sont fixés par le tarif approuvé pour chaque rivière par le Gouvernement;

A ce que, dans l'intérêt de la sûreté publique, rien ne manque dans les trailles, cordages et autres agrès;

A ce que le public n'ait à se plaindre, en aucune manière, des garçons bateliers employés par le fermier;

A ce que la manœuvre des bacs, bateaux ou nacelles ne soit pas confiée à des hommes âgés de moins de vingt ans;

A ce que l'on ne fasse pas usage du passage après le coucher du soleil ni avant son lever; lorsque la rivière charrie des glaces, ou bien lorsque le vent et les hautes eaux sont assez considérables pour faire craindre des accidens, etc.

257. Un Garde-champêtre, sous la surveillance duquel est un passage d'eau, doit rendre compte, sans le moindre délai, au Maire, de tout fait ou événement relatif à ce passage (*).

258. Les Ingénieurs des ponts et chaussées doivent visiter deux fois chaque année les bacs et bateaux de leur arrondissement. (Art. 34 de la loi du 26 novembre 1798.) Il est du devoir des Gardes-champêtres de satisfaire aux demandes de renseignemens qui leur sont faites par ces Ingénieurs ou par les Conducteurs.

(*) Les contestations qui peuvent s'élever sur la quotité du droit exigé par le fermier du passage ou par ses préposés, sont portées devant le Maire le plus voisin, ou son Adjoint, si le Maire est absent; elles sont jugées sommairement et sans frais.

## CHAPITRE 10.

*Mines, minières, tourbières et carrières.*

259. L'exploitation des mines et minières est soumise à des règles spéciales; elle ne peut avoir lieu sans permission. (Loi du 21 avril 1810.)

L'exploitation des carrières à ciel ouvert a lieu sans permission, sous la simple surveillance de la police et avec l'observation des lois et réglemens généraux ou locaux. (Art. 81 de la même loi.)

260. Un décret du 3 janvier 1813 contient des dispositions de police relatives à l'exploitation des mines.

261. Les Gardes-champêtres peuvent constater les ouvertures et exploitations non autorisées de mines, minières ou tourbières, ou les contraventions aux concessions accordées et fixées par le Gouvernement, ou l'ouverture de carrières dans des lieux nuisibles à la sûreté publique ou individuelle, ou en anticipation sur une propriété communale ou particulière, ou sans les pré-

cautions nécessaires pour prévenir les éboulemens de terre, etc. (*)

262. Un décret du 22 mars 1813 approuve un réglement général sur l'exploitation des carrières, plâtrières, glaisières, sablonnières, marnières et crayères, dans

(*) « Les contraventions des propriétaires de « mines exploitans, non encore concessionnaires, ou « autres personnes, aux lois et réglemens, seront dénoncées et constatées comme les contraventions « en matière de voirie et de police. » (Art. 93 de la loi du 21 avril 1810.—Instruction ministérielle du 3 août suivant. )

« Les procès-verbaux contre les contrevenans « seront affirmés dans les formes et délais prescrits « par les lois. » (Article 94 de la même loi.— Article 6 de la section 7, titre 1er de la loi du 6 octobre 1791.)

« Ils seront adressés en originaux aux *Procureurs du Roi*...... qui seront tenus de poursuivre d'office les contrevenans devant les « Tribunaux de police correctionnelle, ainsi qu'il « est réglé et usité pour les délits forestiers, et sans « préjudice des dommages-intérêts des parties. » (Art. 95 de la même loi. — *Voyez* aussi l'art. 22 du Code d'instruction criminelle, et l'article 171 du Code forestier.)

les départemens de la Seine et de Seine-et-Oise.

Ce réglement peut être étendu à tout autre département, sur la demande du Préfet et en vertu d'une décision du Ministre de l'intérieur.

# SECTION XIII.

**CONCOURS DE SURVEILLANCE POUR LES CONS-
TRUCTIONS PRÈS DES VILLES ET PLACES
FORTIFIÉES.**

## CHAPITRE 1ᵉʳ.

### *Servitudes imposées aux propriétés pour la défense de l'État.*

263. Les propriétés bâties ou non bâties qui entourent ou avoisinent les villes et places fortes et postes militaires, sont soumises à des servitudes spéciales; les autorités municipales des communes où sont situées ces propriétés doivent en avoir une exacte connaissance, pour qu'elles puissent au besoin éclairer et diriger leurs administrés; les Gardes-champêtres doivent connaître également ces servitudes, quoiqu'ils n'aient pas caractère pour constater les contraventions aux règles imposées aux propriétaires ou détenteurs par la loi du 17 juillet 1819 et par l'ordonnance du 1ᵉʳ août 1821 (*).

(*) La loi du 17 juillet 1819 détruit, en quelques-unes de ses dispositions, la loi du 10 juillet 1791; elle maintient une partie de cette loi.

*

264. Ces contraventions sont constatées par des procès-verbaux des Gardes des fortifications, employés dans les places fortes sous les ordres des Officiers du génie. (Loi du 29 mars 1806. — Loi du 19 mai 1802.)

265. Il est du devoir des Gardes-champêtres d'avoir des relations avec les Gardes des fortifications, et de les informer des contraventions qu'ils observeraient dans leurs tournées. Les Gardes-champêtres doivent également en informer le Maire de la commune.

266. Les principales prohibitions ou restrictions concernant les servitudes militaires sont portées aux articles 1, 2, 3 et 4, section 1re, et 25, 26, 27 et 28, section 4, titre 1er de l'ordonnance du 1er août 1821, ainsi conçus :

Art. 1er. « Dans l'étendue de *deux cent* « *cinquante mètres* autour des places de « guerre de toutes les classes, et des postes « militaires, il ne sera bâti aucune maison « ni clôture de construction quelconque, « à l'exception des clôtures en haies sèches « ou en planches à claire voie, *sans pans*

« *de bois ni maçonnerie*, lesquelles pour-
« ront être établies librement entre ladite
« limite et celle du terrain militaire.

« Les reconstructions totales de maisons,
« clôtures et autres bâtisses, sont également
« prohibées dans la même zône de servi-
« tudes, quelle qu'ait pu ou que puisse être
« à l'avenir la cause de leur destruction. »

Art. 2. « Dans l'étendue de *quatre cent*
« *quatre-vingt-sept mètres* (250 toises)
« autour des places de première et de se-
« conde classe, il ne sera bâti ni reconstruit
« aucune maison ni clôture de *maçonnerie ;*
« mais, au-delà de la première zône de
« deux cent cinquante mètres, il sera permis
« d'élever des bâtimens et clôtures en *bois*
« et en *terre*, sans y employer de pierres
« ni de briques, même de chaux ni de
« plâtre, autrement qu'en crépissage, et
« avec la condition de les démolir immé-
« diatement et d'enlever les décombres et
« matériaux sans indemnité, à la première
« réquisition de l'autorité militaire, dans
« le cas où la place, déclarée en *état de*
« *guerre*, serait menacée d'hostilités. »

Art. 3. « Autour des places de troisième
« classe et des postes militaires, il sera per-
« mis d'élever des bâtimens et clôtures de
« construction quelconque, au-delà de la
« distance de deux cent cinquante mètres.

« Le cas arrivant où ces places et postes
« seraient déclarés en *état de guerre*, les
« démolitions qui seraient jugées nécessaires
« à la distance de quatre cent quatre-vingt-
« sept mètres ne donneront lieu à aucune
« indemnité en faveur des propriétaires. »

Art. 4. « Dans l'étendue de *neuf cent*
« *soixante-quatorze mètres* (500 toises)
« autour des places de guerre, et de *cinq cent*
« *quatre-vingt-quatre mètres* (300 toises)
« autour des postes militaires, il ne sera
« fait aucun chemin, levée ou chaussée,
« ni creusé aucun fossé, sans que leur ali-
« gnement et leur position aient été con-
« certés avec les Officiers du génie; et
« d'après ce concert, notre Ministre de la
« guerre déterminera, et, au besoin, nous
« *proposera de déterminer* les conditions
« auxquelles ces divers travaux devront être
« assujettis dans chaque cas particulier, afin

« de concilier les intérêts de la défense avec
« ceux de l'industrie, de l'agriculture et du
« commerce.

« Dans la même étendue, les décombres
« provenant des bâtisses et autres travaux
« quelconques ne pourront être déposés
« que dans les lieux indiqués par les Offi-
« ciers du génie. Sont exceptés de cette
« disposition, ceux des détrimens qui pour-
« raient servir d'engrais aux terres, et pour
« les dépôts desquels les particuliers n'é-
« prouveront aucune gêne, pourvu qu'ils
« évitent de les entasser.

« Dans la même étendue, il est défendu
« d'exécuter aucune opération de topogra-
« phie sans le consentement de l'autorité
« militaire; ce consentement ne pourra être
« refusé lorsqu'il ne s'agira que d'opérations
« relatives à l'arpentage des propriétés. »
Art. 25. «Les bâtisses, clôtures et autres
« constructions en bois et en terre, quelle
« que soit leur distance de la fortification
« autour des places de toutes les classes et
« des postes militaires, pourront être en-
« tretenues *dans leur état actuel*, par des

« réparations et des reconstructions par-
« tielles, mais sans aucun changement dans
« leurs dimensions extérieures, et sous la
« condition expresse,

« 1° Que les matériaux de réparation
« ou de reconstruction partielle seront de
« même nature que ceux précédemment
« mis en œuvre;

« 2° Que la masse des constructions exis-
« tantes ne sera point accrue par des bâtisses
« faites dans des cours, jardins et autres
« lieux clos, à ciel ouvert. »

Art. 26. « Les dispositions de l'article
« précédent s'appliqueront aux maisons,
« clôtures et autres constructions en ma-
« çonnerie situées au-delà de la première
« zône de deux cent cinquante mètres des
« places de troisième classe et des postes
« militaires, ou qui seraient comprises,
« quelle que soit d'ailleurs la classe de la
« place, dans le terrain d'exception que
« nous aurons spécialement déterminé.

Art. 27. « Les bâtimens, clôtures et autres
« constructions en maçonnerie, qui ne se-
« raient pas compris dans le terrain d'ex-

« ception dont il vient d'être parlé, ou qui
« seraient situés, soit dans la première zône
« de deux cent cinquante mètres des places
« et postes, soit sur l'esplanade que nous
« aurons spécialement déterminée pour les
« citadelles et les châteaux, soit dans la
« seconde zône des places des deux pre-
« mières classes, ne pourront être entre-
« tenus qu'avec les restrictions légalement
« prescrites en matière de voirie urbaine ;
« c'est-à-dire, sous la condition expresse
« de ne point faire à ces constructions de
« reprises en sous-œuvre, ni même de
« grosses réparations, ou toute autre espèce
« de travaux confortatifs ;

« Soit à leurs *fondations* et à leur *rez-*
« *de-chaussée*, s'il s'agit de *bâtimens d'ha-*
« *bitation* ;

« Soit, pour les *simples clôtures*, jusqu'à
« *moitié* de leur hauteur mesurée sur leur
« parement extérieur ;

« Soit, pour *toutes autres constructions,*
« jusqu'à *trois mètres* au-dessus du sol ex-
« térieur. »

Art. 28. « Les restrictions prescrites par

« l'article précédent seront appliquées aux
« maisons, bâtimens et clôtures (autres que
« celles en haies sèches ou en planches à
« claire voie) qui, dans l'intérieur des places
« de toutes les classes et des postes mili-
« taires, se trouvent entièrement ou par-
« tiellement sur le terrain de la rue mi-
« litaire établie ou à établir pour la libre
« communication le long du rempart ou
« du mur de clôture.

« Dans le second cas, les restrictions ne
« porteront que sur les parties de bâtimens
« ou de clôtures qui dépassent l'alignement
« de ladite rue. »

## CHAPITRE 2.

*Plan de circonscription des places fortes.*

267. Il doit être dressé pour chaque place forte ou poste militaire, un plan de circonscription comprenant tout le terrain soumis aux servitudes militaires et aux prohibitions ou restrictions. La rédaction de ce plan est suivie d'une plantation de bornes qui indiquent les limites extérieures des terrains soumis aux servitudes.

268. « Sur l'invitation des Directeurs des
« fortifications, les Maires des communes
« devront prêter appui à toutes les opé-
« rations relatives à la confection du plan
« spécial de circonscription et de l'état des-
« criptif qui doit l'accompagner.

« En conséquence, ils fourniront aux
« Agens de l'autorité militaire toutes les
« indications et documens qui pourraient
« être réclamés. » (Art. 19 de l'ordonnance
du 1er août 1821.)

269. Les Gardes-champêtres peuvent,
d'après l'ordre du Maire, être appelés à
fournir ces indications et documens, ou à
y concourir.

270. D'après le même ordre, ils peuvent
être chargés de requérir les propriétaires des
bâtimens, clôtures et autres constructions
existant dans les zônes de servitude, d'assister 1° à la vérification faite, en présence
du Maire, de la nature et des dimensions
de ces constructions (art. 20 de l'ordonnance
du 1er août 1821); 2° à la vérification des
réclamations de ces propriétaires contre l'application des limites légales (art. 22 de la

même ordonnance ) ; 3° à l'opération du bornage. (Art. 23 de la même ordonnance. — Art. 6 de la loi du 17 juillet 1819.)

271. Dans toutes ces opérations, les Gardes-champêtres n'ont aucun acte à dresser, attendu qu'ils n'agissent 1° qu'officieusement dans les avertissemens qu'ils donnent aux Gardes des fortifications; 2° que comme indicateurs et comme agens du Maire, lors du lever des plans ou lorsqu'il s'agit de prévenir les propriétaires de se rendre sur les lieux.

# TITRE II.

## APPARITEURS DE POLICE.

272. Les Maires sont chargés de faire jouir les habitans des avantages d'une bonne police. (Art. 50 de la loi du 19 décembre 1790.)

273. Outre les Gardes-champêtres, l'autorité municipale a sous ses ordres des Commissaires de police (*), et dans les lieux où il n'y en a pas, des Appariteurs et autres Agens de police.

Ces Appariteurs ou Agens de police ne sont pas compris au nombre des Officiers de police judiciaire dans l'art. 9 du Code d'instruction criminelle; ce sont seulement « des citoyens chargés d'un ministère de ser- « vice public. » ( Art. 230 du Code pénal.)

274. Néanmoins, dans un grand nombre de communes, on les fait assermenter devant le Juge de paix; ils sont chargés de dresser dans leurs tournées des procès-verbaux de contravention, en se fondant

_________

(*) Art. 12 de la loi du 17 février 1800.

sur l'art. 12, titre 1er de la loi du 22 juillet 1791 (*), que l'on considère comme étant encore en vigueur.

275. Toutes les fois qu'un individu refuse de se rendre à l'injonction d'un Appariteur, celui-ci informe le Maire du fait arrivé et attend ses ordres, sans avoir le droit de passer outre.

276. L'autorité municipale fait porter ordinairement aux Appariteurs une médaille ou plaque, mise en évidence, et qui sert à les faire reconnaître du public.

277. Ils doivent en outre être nantis

(*) Voici le texte de l'article 12, titre 1er de la loi du 22 juillet 1791 : « Les Commissaires « de police, dans les lieux où il y en a, les « *Appariteurs et autres Agens de police asser-* « *mentés*, dresseront, dans leurs visites et tournées, « le procès-verbal des contraventions, en présence « de deux des plus proches voisins qui y apposeront leur signature, et des experts en chaque « partie d'art, lorsque la municipalité (*le Maire*), « soit par voie d'administration, soit comme Tri- « bunal de police, aura jugé à propos d'en indi- « quer. »

de leur commission et l'exhiber en cas de nécessité.

278. « Il leur est enjoint de prêter aide
« et main-forte aux huissiers, toutes et
« quantes fois qu'ils en seront par eux
« requis, et sans pouvoir exiger aucune ré-
« tribution, à peine d'être poursuivis et
« punis, suivant l'exigence des cas. » ( Art.
77 du décret du 18 juin 1811.)

« Lorsque des Agens de police, porteurs
« de mandemens de justice (*), viendront
« à découvrir, hors de la présence des
« Huissiers, les prévenus, accusés ou con-
« damnés, ils les arrêteront, et les condui-
« ront devant le magistrat compétent; et
« dans ce cas, le droit de capture (**) leur
« est dévolu. ( Même article. )

(*) Mandat d'arrêt, ordonnance de prise de corps, arrêt ou jugement de condamnation.

(**) Les droits de capture sont fixés par l'art. 6 du décret du 7 avril 1813 et par l'article 1er de l'ordonnance du 6 août 1823. (*V.* l'instruction générale sur les frais de justice, en matière criminelle, correctionnelle et de simple police, du 30 septembre 1826.)

279. Dans nombre de départemens, pour conférer aux Appariteurs ou Agens de police le caractère que le Code d'instruction criminelle ne leur a pas accordé, l'autorité administrative croit y obvier en leur faisant délivrer une commission de Garde-champêtre.

Alors ils sont chargés de la surveillance intérieure de la commune, sous les rapports de la garantie des propriétés, de la sûreté individuelle, de la salubrité publique, de la tranquillité, etc.

280. L'autorité municipale et les citoyens doivent exiger qu'ils exercent leur emploi avec vigilance et avec impartialité.

281. Ils ont le droit de requérir le secours des assistans « dans les circonstances d'ac-
« cidens, tumultes, naufrages, inondation,
« incendie ou autres calamités, ainsi que
« dans le cas de brigandages, pillages,
« flagrant délit, clameur publique ou d'exé-
« cution judiciaire. » ( N° 12 de l'art. 475 du Code pénal. )

282. Les Appariteurs peuvent être commis par le Maire pour l'examen des registres que

doivent tenir les aubergistes, logeurs et loueurs de maisons garnies. (Art. 5, titre 1er de la loi du 22 juillet 1791. — N° 2 de l'article 475 du Code pénal.)

283. Les Appariteurs qui n'ont que cette qualité, n'étant que de simples agens ou aides de la police, les injures qui leur sont adressées dans l'exercice de leurs fonctions ne sont que de la compétence du tribunal de simple police (*) (arrêt de la Cour de cassation, du 22 février 1810), à moins que ces injures ou outrages n'aient un degré de gravité et de publicité, qui les fasse sortir de cette compétence sous

(*) Il résulte de cette observation que l'art. 224 du Code pénal ne peut être appliqué à celui qui insulte un Appariteur. Cet article est ainsi conçu : « L'outrage fait par paroles, gestes ou menaces, « à tout officier ministériel ou agent dépositaire « de la force publique, dans l'exercice ou à l'oc- « casion de l'exercice de ses fonctions, sera puni « d'une amende de seize francs à deux cents « francs. » (*V.* les articles 13 et suivans de la loi du 17 mai et les articles 5 et suivans de la loi du 25 mars 1822.)

un autre rapport. ( Art. 230 et suivans du Code pénal. )

284. Pour faire connaître aux Appariteurs les contraventions de police qui se commettent le plus fréquemment, qu'ils doivent journellement surveiller, et dont ils doivent faire rapport à l'autorité municipale, il suffit de transcrire les articles 471 et suivans du Code pénal, qui indiquent ces contraventions et les peines à appliquer par le tribunal de police, soit pour une première contravention, soit en cas de récidive.

## CODE PÉNAL.

### LIVRE IV. — CHAPITRE 2.

*Contraventions et Peines.*

SECTION I<sup>re</sup>. — PREMIÈRE CLASSE.

Art. 471. « Seront punis d'amende, depuis un franc jusqu'à cinq francs inclusivement,

1° « Ceux qui auront négligé d'entretenir, réparer ou nettoyer les fours, cheminées ou usines où l'on fait usage du feu;

2° « Ceux qui auront violé la défense de tirer, en certains lieux, des pièces d'artifice ;

3° « Les aubergistes et autres qui, obligés à l'éclairage, l'auront négligé ; ceux qui auront négligé de nettoyer les rues ou passages, dans les communes où ce soin est laissé à la charge des habitans ;

4° « Ceux qui auront embarrassé la voie publique, en y déposant ou y laissant sans nécessité, des matériaux ou des choses quelconques qui empêchent ou diminuent la liberté ou la sûreté du passage ; ceux qui, en contravention aux lois et réglemens, auront négligé d'éclairer les matériaux par eux entreposés ou les excavations par eux faites dans les rues et places ;

5° « Ceux qui auront négligé ou refusé d'exécuter les réglemens ou arrêtés concernant la petite voirie, ou d'obéir à la sommation émanée de l'autorité administrative, de réparer ou démolir les édifices menaçant ruine ;

6° « Ceux qui auront jeté ou exposé au-devant de leurs édifices, des choses de nature à nuire par leur chute ou par des exhalaisons insalubres;

7° « Ceux qui auront laissé dans les rues, chemins, places, lieux publics, ou dans les champs, des coutres de charrue, pinces, barres, barreaux ou autres machines, ou instrumens ou armes dont puissent abuser les voleurs et autres malfaiteurs;

8° « Ceux qui auront négligé d'écheniller dans les campagnes ou jardins où ce soin est prescrit par la loi ou les réglemens;

9° « Ceux qui, sans autre circonstance prévue par les lois, auront cueilli ou mangé, sur le lieu même, des fruits appartenant à autrui;

10° « Ceux qui, sans autre circonstance, auront glané, râtelé ou grapillé dans les champs non encore entièrement dépouillés et vidés de leurs récoltes, ou avant le moment du lever ou après celui du coucher du soleil;

11° « Ceux qui, sans avoir été provoqués, auront proféré contre quelqu'un des injures, autres que celles prévues depuis l'article 367 jusques et compris l'article 378;

12° « Ceux qui imprudemment auront jeté des immondices sur quelque personne;

13° « Ceux qui, n'étant ni propriétaires ni usufruitiers, ni locataires ni fermiers, ni jouissant d'un terrain ou d'un droit de passage, ou qui n'étant ni agens ni préposés d'aucune de ces personnes, seront entrés et auront passé sur ce terrain ou sur partie de ce terrain, s'il est préparé ou ensemencé;

14° « Ceux qui auront laissé passer leurs bestiaux ou leurs bêtes de trait, de charge ou de monture, sur le terrain d'autrui, avant l'enlèvement de la récolte. »

Art. 472. « Seront, en outre, confisqués, les pièces d'artifice saisies dans le cas du n° 2 de l'article 471, les coutres, les instrumens et les armes mentionnés dans le n° 7 du même article. »

Art. 473. « La peine d'emprisonnement, pendant trois jours au plus, pourra de plus être prononcée, selon les circonstances, contre ceux qui auront tiré des pièces d'artifice, contre ceux qui auront glané, râtelé ou grapillé en contravention au n° 10 de l'article 471. »

Art. 474. « La peine d'emprisonnement contre toutes les personnes mentionnées en l'article 471, aura toujours lieu, en cas de récidive, pendant trois jours au plus. »

SECTION II. — Deuxième classe.

Art. 475. « Seront punis d'amende, depuis six francs jusqu'à dix francs inclusivement,

1° « Ceux qui auront contrevenu aux bans de vendanges ou autres bans autorisés par les réglemens;

2° « Les aubergistes, hôteliers, logeurs ou loueurs de maisons garnies, qui auront négligé d'inscrire de suite, et sans aucun blanc, sur un registre tenu régulièrement, les noms, qualités, domicile habituel, dates d'entrée et de sortie de toute personne qui aurait couché ou passé une nuit dans leurs maisons; ceux d'entre eux qui auraient manqué à représenter ce registre aux époques déterminées par les réglemens, ou lorsqu'ils en auraient été requis, aux Maires, Adjoints, Officiers ou Commissaires de police, ou aux citoyens commis à cet effet (*les Appariteurs* *de police :* le tout sans préjudice des cas de responsabilité mentionnés en l'article 73 (*) du présent Code, relativement aux crimes ou aux délits de ceux qui, ayant

(*) « Les aubergistes et hôteliers convaincus
« d'avoir logé, plus de vingt-quatre heures,
« quelqu'un qui, pendant son séjour, aurait com—
« mis un crime ou un délit, seront civilement
« responsables des restitutions, des indemnités et
« des frais adjugés à ceux à qui ce crime ou ce
« délit aurait causé quelque dommage, faute par
« eux d'avoir inscrit sur leur registre le nom, la
« profession et le domicile du coupable; sans pré—
« judice de leur responsabilité dans le cas des ar—
« ticles 1952 et 1953 du Code civil. » (Art. 73
du Code pénal.)

« Les aubergistes ou hôteliers sont responsables,
« comme dépositaires, des effets apportés par le
« voyageur qui loge chez eux; le dépôt de ces
« sortes d'effets doit être regardé comme un dépôt
« nécessaire. » (Art. 1952 du Code civil.)

« Ils sont responsables du vol ou du dommage
« des effets du voyageur, soit que le vol ait été
« fait ou que le dommage ait été causé par les
« domestiques et préposés de l'hôtellerie, ou par
« des étrangers allant et venant dans l'hôtellerie. »
(Art. 1953 du même Code.)

logé ou séjourné chez eux, n'auraient pas été régulièrement inscrits;

3° « Les rouliers, charretiers, conducteurs de voitures quelconques ou de bêtes de charge, qui auraient contrevenu aux réglemens par lesquels ils sont obligés de se tenir constamment à portée de leurs chevaux, bêtes de trait ou de charge et de leurs voitures, et en état de les guider et conduire; d'occuper un seul côté des rues, chemins et voies publiques; de se détourner ou ranger devant toutes autres voitures, et, à leur approche, de leur laisser libre au moins la moitié des rues, chaussées, routes et chemins;

4° « Ceux qui auront fait ou laissé courir les chevaux, bêtes de trait, de charge ou de monture, dans l'intérieur d'un lieu habité, ou violé les réglemens contre le chargement, la rapidité ou la mauvaise direction des voitures;

5° « Ceux qui auront établi ou tenu dans les rues, chemins, places ou lieux publics, des jeux de loterie ou d'autres jeux de hasard;

6° « Ceux qui auront vendu ou débité

des boissons falsifiées; sans préjudice des peines plus sévères qui seront prononcées par les tribunaux de police correctionnelle, dans le cas où elles contiendraient des mixtions nuisibles à la santé;

7° « Ceux qui auraient laissé divaguer des fous ou des furieux étant sous leur garde, ou des animaux malfaisans ou féroces; ceux qui auront excité ou n'auront pas retenu leurs chiens lorsqu'ils attaquent ou poursuivent les passans, quand même il n'en serait résulté aucun mal ni dommage;

8° « Ceux qui auraient jeté des pierres ou d'autres corps durs ou des immondices contre les maisons, édifices ou clôtures d'autrui, ou dans les jardins ou enclos, et ceux aussi qui auraient volontairement jeté des corps durs ou des immondices sur quelqu'un;

9° « Ceux qui, n'étant propriétaires, usufruitiers, ni jouissant d'un terrain ou d'un droit de passage, y sont entrés et y ont passé dans le temps où ce terrain était chargé de grains en tuyau, de raisins ou autres fruits mûrs ou voisins de la maturité;

10° « Ceux qui auraient fait ou laissé

passer des bestiaux, animaux de trait, de charge ou de monture, sur le terrain d'autrui, ensemencé ou chargé d'une récolte, en quelque saison que ce soit, ou dans un bois taillis appartenant à autrui;

11° « Ceux qui auraient refusé de recevoir les espèces et monnaies nationales, non fausses ni altérées, selon la valeur pour laquelle elles ont cours;

12° « Ceux qui, le pouvant, auront refusé ou négligé de faire les travaux, le service, ou de prêter le secours dont ils auront été requis, dans les circonstances d'accidens, tumultes, naufrage, inondation, incendie ou autres calamités, ainsi que dans les cas de brigandages, pillages, flagrant délit, clameur publique ou d'exécution judiciaire;

13° « Les personnes désignées aux articles 284 et 288 du présent Code. »

Art. 476. « Pourra, suivant les circonstances, être prononcé, outre l'amende portée en l'art. précédent, l'emprisonnement pendant trois jours au plus, contre les rouliers charretiers, voituriers et conducteurs en contravention; contre ceux qui auront contrevenu à la loi par la rapidité, la mauvaise direction ou le chargement des voitures ou des animaux; contre les vendeurs et débitans de boissons falsifiées; contre ceux qui auraient jeté des corps durs ou des immondices. »

Art. 477. « Seront saisis et confisqués, 1° les tables, instrumens, appareils des jeux ou des loteries établis dans les rues, chemins et voies publiques, ainsi que les enjeux, les fonds, denrées, objets ou lots proposés aux joueurs, dans le cas de l'article 476; 2° les boissons falsifiées, trouvées appartenir au vendeur et débitant : ces boissons seront répandues; 3° les écrits ou gravures contraires aux mœurs : ces objets seront mis sous le pilon. »

Art. 478. « La peine de l'emprisonnement pendant cinq jours au plus, sera toujours prononcée, en cas de récidive, contre toutes les personnes mentionnées dans l'art. 475. »

SECTION III. — TROISIÈME CLASSE.

Art. 479. « Seront punis d'une amende de onze à quinze francs inclusivement,

1° « Ceux qui, hors les cas prévus depuis l'art. 434 jusques et compris l'art. 462, auront volontairement causé du dommage aux propriétés mobilières d'autrui;

2° « Ceux qui auront occasionné la mort ou la blessure des animaux ou bestiaux appartenant à autrui, par l'effet de la divagation des foux ou furieux, ou d'animaux malfaisans ou féroces, ou par la rapidité ou la mauvaise direction ou le chargement excessif des voitures, chevaux, bêtes de trait, de charge ou de monture;

3° « Ceux qui auront occasionné les mêmes dommages par l'emploi ou l'usage d'armes sans précaution ou avec maladresse, ou par jet de pierres ou d'autres corps durs :

4° « Ceux qui auront causé les mêmes accidens par la vétusté, la dégradation, le défaut de réparation ou d'entretien des maisons ou édifices, ou par l'encombrement ou l'excavation, ou telles autres œuvres, dans ou près les murs, chemins, places ou voies publiques, sans les précautions ou signaux ordonnés ou d'usage;

5° « Ceux qui auront de faux poids ou

de fausses mesures dans leurs magasins, boutiques, ateliers ou maisons de commerce, ou dans les halles, foires ou marchés, sans préjudice des peines qui seront prononcées par les tribunaux de police correctionnelle contre ceux qui auraient fait usage de ces faux poids ou de ces fausses mesures;

6° « Ceux qui emploieront des poids ou des mesures différens de ceux qui sont établis par les lois en vigueur;

7° « Les gens qui font le métier de deviner et pronostiquer, ou d'expliquer les songes;

8° « Les auteurs ou complices de bruits ou tapages injurieux ou nocturnes, troublant la tranquillité des habitans. »

Art. 480. « Pourra, selon les circonstances, être prononcée la peine d'emprisonnement pendant cinq jours au plus,

1° « Contre ceux qui auront occasionné la mort ou la blessure des animaux ou bestiaux appartenant à autrui, dans les cas prévus par le n° 3 du précédent article;
2° contre les possesseurs de faux poids et de fausses mesures; 3° contre ceux qui

emploient des poids ou des mesures différens de ceux que la loi en vigueur a établis ; 4° contre les interprêtes de songes ; 5° contre les auteurs ou complices de bruits ou tapages injurieux ou nocturnes. »

Art. 481. « Seront, de plus, saisis et confisqués, 1° les faux poids, les fausses mesures, ainsi que les poids et mesures différens de ceux que la loi a établis ; 2° les instrumens, ustensiles et costumes servant ou destinés à l'exercice du métier de devin, pronostiqueur ou interprête de songes. »

Art. 482. « La peine d'emprisonnement pendant cinq jours aura toujours lieu, pour récidive, contre les personnes et dans les cas mentionnés en l'article 479. »

*Disposition commune aux trois sections ci-dessus.*

Art. 483. « Il y a récidive dans tous les cas prévus par le présent livre, lorsqu'il a été rendu contre le contrevenant (*), dans les

(*) A l'égard d'une contravention semblable. (Art. 608 de la loi du 25 octobre 1795.)

douze mois précédens, un premier jugement pour contravention de police commise dans le ressort du même tribunal. »

285. Il est nécessaire de faire observer aux Maires et Adjoints et à leurs agens, que l'absence des réglemens locaux n'est pas un obstacle à l'application des articles 471 et suivans du Code pénal. Là où les lois disposent d'une manière expresse et dans une matière aussi inhérente à l'ordre public et à la liberté individuelle, il n'est nullement besoin de réglement de police pour en rappeler ou en prescrire l'observation..... L'absence des réglemens ne dispense point de l'obligation générale, imposée par les lois antérieures au Code pénal et renouvelées par ce Code, dans l'objet de pourvoir à la liberté et à la sûreté de la voie publique. (Arrêt de la Cour de cassation, du 27 décembre 1828.)

286. Un Appariteur agissant en cette seule qualité et qui n'est pas Garde-champêtre, n'est pas soumis dans ses actes aux formalités exigées des Gardes-champêtres, Officiers de police judiciaire.

Les actes d'un Appariteur sont, en ce cas, de simples renseignemens au Commissaire de police, dans les Communes où il y en a (les villes de 5,000 âmes et au-dessus) ou, partout ailleurs, au Maire.

Ils peuvent être le plus souvent rédigés fort succinctement; voici quelques modèles:

## A.

### COMMUNE D

Le soussigné

Appariteur de police, commissionné et assermenté, fait rapport qu'hier soir, à neuf heures et demie, faisant sa tournée ordinaire, il a vu dans la rue de                     , devant l'auberge du sieur

deux voitures, chargées de tonneaux et occupant plus de la moitié de la rue, sans qu'il y eut de lanterne pour faire apercevoir que la voie publique n'était pas libre.

Cette contravention étant prévue par la loi, le présent rapport a été fait, clos et signé le lendemain, à        heures du matin, pour être remis à M. le Maire (ou bien à M. le Commissaire de police) et servir et valoir ce que de droit.

## B.

### Commune d

L'Appariteur de police, soussigné, commissionné et duement assermenté conformément à l'article 12 de la loi du 22 juillet 1791, a reconnu aujourd'hui, à      heures du matin, se trouvant près de la maison du sieur            , propriétaire, que l'on venait de jeter de cette maison, par une fenêtre du second étage, de l'eau sale et fétide qui a atteint la dame (*)        , alors passant dans la rue.

Ayant pris des informations, le soussigné a su que la fenêtre dépendait de l'appartement loué par le propriétaire de la maison à

Cette contravention étant prévue... etc.

(*) Il y aurait également contravention punissable, quand même aucun individu n'aurait été atteint.

## C.

### Commune d

Cejourd'hui                    mil huit cent
Je soussigné                    Appariteur de
police, assermenté, commis par M. le Maire
en vertu de la loi (*), à l'effet de vérifier
la tenue des registres des auberges, me suis
rendu (**) à            heures du            à
l'auberge d (l'enseigne), rue d
et m'étant adressé au sieur
maître de cette auberge, lui ai demandé la
présentation du registre d'inscription des
étrangers logeant chez lui : à quoi déférant,
le sieur                    a remis ce registre,
dont j'ai, en sa présence, examiné les en-

(*) Art. 5, titre 1er de la loi du 22 juillet 1791.
— V. page 151. — N° 2 de l'art. 475 du Code
pénal. — V. page 156.

(**) Les Officiers de police peuvent toujours
entrer dans les lieux où tout le monde est admis
indistinctement, tels que cafés, cabarets, etc.,
pour prendre connaissance des désordres ou contraventions aux réglemens. (Art. 9, titre 1er de
la loi du 22 juillet 1791.)

registrement, à partir du         de ce mois, jour de ma dernière visite.

J'ai remarqué sur ce registre, 1.º que les sieurs ( indiquer les noms) sont inscrits avec cette seule indication de nom de famille, sans y joindre leurs qualités et domicile habituel, quoique les lois prescrivent de mettre ces renseignemens d'une manière précise;

2.º Que pour les (indiquer les dates) de ce mois, il n'y a aucune inscription d'é- trangers, ayant couché dans l'hôtel; mais que l'aubergiste a laissé un blanc de plu- sieurs lignes : ce qui prouve qu'il y a eu des inscriptions à faire et qu'elles ont été négligées;

3.º Que les dates de départ des étrangers sont ou omises en regard de chaque nom, ou mentionnées imparfaitement; observations que j'ai faites surtout à l'égard des articles des sieurs          , et sur quoi, le sieur          aubergiste, m'a répondu..... (indiquer ses moyens de défense.)

Alors, après avoir apposé mon (*) *visa* sur le registre, avec la date d'aujourd'hui, j'ai déclaré audit sieur              que j'allais dresser un rapport des contraventions remarquées dans la tenue de son registre, et que ce rapport serait remis à M. le Maire.

Fait, clos et signé ledit jour, à      heures du

D.

COMMUNE d

Cejourd'hui              du mois d      mil huit cent              , à      heures avant ( ou après ) midi,

Je soussigné, Appariteur de police, commissionné, assermenté et portant en évidence la médaille distinctive de mon emploi,

______

(*) Ce *visa* est écrit immédiatement après la dernière ligne du registre et sans laisser de blanc ; il peut être conçu ainsi : *vu et vérifié conformément à la loi. A*      *le*              18
(Signature et qualité de l'Agent commis par le Maire.)

faisant ma ronde habituelle et me trouvant sur la place          , ai remarqué qu'un individu (*) déchirait des affiches, placardées sur le mur d. (indiquer le bâtiment), et émanées de l'autorité publique; m'étant approché, j'ai requis cet individu de me déclarer ses nom, prénoms, profession et demeure; à quoi il m'a répondu (insérer textuellement la réponse).

Je lui ai déclaré qu'ayant commis une contravention, j'allais en dresser un rapport qui serait dans le jour remis à M. le Maire, pour y donner telles suites que de droit. Ce que j'ai fait de retour en mon domicile.

Fait, clos et signé le même jour, à heures du

(*) Ceux qui suppriment, arrachent ou gâtent les affiches des autorités publiques, doivent être condamnés à l'amende, selon la gravité des circonstances. (Loi du 8 août 1798.)

Aucune publication ne peut être faite dans une commune, et par conséquent aucune affiche ne peut y être posée sans l'autorisation du Maire. (Loi du 13 novembre 1791.)

## AFFICHEURS.

287. Dans presque toutes les communes rurales, c'est un Garde-champêtre ou un Appariteur de police qui est chargé de placarder les affiches, soit émanées des autorités publiques, soit publiées par les notaires ou par d'autres particuliers.

288. Aucun individu, même un Garde-champêtre, ne peut être afficheur sans avoir été désigné par le Maire, sous les peines portées dans l'article 290 du Code pénal (*).

289. Avant de placarder les affiches des particuliers, l'Afficheur doit prendre la permission du Maire (loi du 13 novembre 1791) qui vérifie s'il n'existe aucune contravention soit sous le rapport de la police, soit pour le timbre ou la couleur du papier. (Art. 65 de la loi du 28 avril 1816. — Art. 77 de la loi du 25 mars 1817.)

(*) « Tout individu qui, sans y avoir été autorisé par la police, fera le métier de crieur « ou afficheur d'écrits imprimés, dessins ou gravures, même munis des noms d'auteur, imprimeur, dessinateur ou graveur, sera puni « d'un emprisonnement de six jours à deux mois. »

# TITRE III.

## GARDES PARTICULIERS.

290 Tout propriétaire a le droit d'avoir et de désigner pour ses domaines, un Garde-champêtre particulier; il est tenu de le faire agréer par le Sous-Préfet. (Art. 4 de la loi du 8 juillet 1795. — Art. 40 de la loi du 25 octobre 1795. — Arrêt de la Cour de cassation, du 8 avril 1826. — Circulaire du Ministre de l'intérieur, du 4 juillet 1827).

Il est inutile que le Conseil municipal soit consulté sur les nominations faites.

291. Le Sous-Préfet ne délivre pas de commission aux Gardes particuliers; il place au bas de la nomination faite par le propriétaire un *vu et approuvé*, après s'être assuré que l'individu nommé a l'âge prescrit et les qualités requises.

292. Ce droit n'exempte pas le propriétaire de contribuer pour les mêmes domaines, au traitement des Gardes de la commune. (Art. 4 de la loi du 8 juillet 1795.)

293. Tout fermier peut, comme le pro-

priétaire d'un domaine, nommer un ou des Gardes particuliers pour la conservation des récoltes. ( Arrêt de la Cour de cassation, du 18 novembre 1802. )

294. Les Gardes particuliers sont rangés dans la classe des fonctionnaires ou agens publics, en ce sens que les violences exercées contre eux pendant leurs fonctions, doivent être punies des peines portées aux articles 230 et 231 du Code pénal. ( Arrêts de la Cour de cassation, des 19 juin et 23 septembre 1818. — Traité de la législation criminelle, de Legraverend, 4°. I. 170. )

295. Un Garde particulier prête serment, comme les Gardes communaux, devant le Juge-de-paix du canton.

296. Les actes qu'il dresse font foi en justice, sauf la preuve du contraire; ils sont soumis, comme ceux des autres Gardes aux formalités de l'affirmation, du timbre et de l'enregistrement.

297. A l'égard du timbre et de l'enregistrement, il est essentiel de faire observer que les procès-verbaux des Gardes particuliers ne peuvent être rédigés sur du papier visé

pour timbre, et qu'ils ne sont pas enregistrés en débet par le Receveur de l'enregistrement du canton. (Art. 5 de l'Ordonnance du 22 mai 1816.)

Ainsi, tout acte dressé par un Garde particulier doit être écrit sur le papier timbré fourni par la régie; il n'est enregistré par le Receveur qu'avec le paiement immédiat du droit.

298. L'empreinte du timbre ne pourra être couverte d'écriture ni altérée. (Article 21 du titre 4 de la loi du 3 novembre 1798.)

La contravention à cette défense peut être punie d'une amende de 25 francs, lorsqu'elle est commise par un fonctionnaire public. (Art. 26 de la même loi.)

299. Le papier timbré qui aura été employé à un acte quelconque, ne pourra plus servir pour un autre acte, quand même le premier n'aurait pas été achevé. (Art. 22 de la même loi.)

L'amende est de cent francs à l'égard des fonctionnaires pour chaque acte écrit en contravention à l'article précédent. (Art. 26 de la même loi.)

3oo. Les quatre articles ci-dessus sont applicables aux Gardés-champêtres communaux, quand ils ont rédigé les actes sur du papier timbré et non sur du papier visé pour timbre.

3o1. Un propriétaire peut, quand bon lui semble, retirer à son Garde la commission qu'il lui avait délivrée : dès lors ce Garde est sans qualité pour dresser des actes, le mandat finissant par la révocation du mandataire. (Art. 2oo3 du Code civil.)

3o2. Un Garde particulier peut, de son côté, renoncer à sa commission, en notifiant au propriétaire cette renonciation. ( Art. 2oo7 du Code civil.)

3o3. Un Garde particulier peut aussi être destitué pour partialité, violences, abus d'autorité, etc., par le Sous-Préfet, sauf l'approbation du Préfet.

Le propriétaire qui a délivré la commission, le Maire et le Conseil municipal, doivent préalablement être entendus ( Ordonnance du 29 novembre 1820. )

3o4. Les Gardes particuliers ont quelquefois pour attribution spéciale d'être Garde-

chasse, c'est-à-dire, de veiller à la conservation du gibier et de tenir la main à ce que
l'on ne chasse pas dans l'étendue des terrains confiés à leur surveillance, sans le
consentement du propriétaire, dans le temps
où la chasse est prohibée, etc.

305. Les Gardes-chasse doivent savoir les
dispositions des lois, réglemens et arrêts concernant la police de la chasse et le permis
de port d'armes de chasse.

# TITRE IV.

## OBSERVATIONS ESSENTIELLES

### ET GÉNÉRALES

*Sur la rédaction des procès-verbaux ou rapports des Gardes-champêtres.*

L'original de tous les procès-verbaux ou rapports est écrit en minute.

Un Garde-champêtre, en rédigeant ou en fesant rédiger sous ses yeux un procès-verbal, doit avoir attention d'y insérer ou d'y faire insérer :

La mention précise de la date où il a été fait, c'est-à-dire, l'année, le mois, le jour, l'heure avant ou après midi ;

Ses nom et prénoms, qualités et domicile ;

La mention qu'il est commissionné, assermenté et pourvu de sa plaque ;

La mention qu'il joint à la qualité de Garde-champêtre, celle d'Appariteur de police, s'il est en effet commissionné en cette dernière qualité ;

Le récit clair de l'observation faite d'une contravention ou d'un délit, avec toutes les circonstances, sans omettre le lieu et l'heure où ils ont été commis ou découverts; ou bien le récit de la plainte qui lui est portée par celui à qui la contravention ou le délit porte préjudice;

Les noms, domicile, professions, etc., des témoins du délit; les questions à eux faites et leurs réponses;

Les noms, âge, profession, qualité, domicile de ceux qui ont été aperçus commettant un délit ou une contravention, ou qui, d'après des indices qui sont mentionnés, sont présumés l'avoir commis;

Les questions faites aux prévenus ou délinquans, leurs réponses et moyens de défense, leur refus de répondre, leur fuite, etc.;

Si les délinquans ne sont pas reconnus par le Garde, il doit donner leur signalement, indiquer leurs vêtemens, les armes dont ils sont porteurs, etc.;

Les visites domiciliaires qui ont eu lieu dans les formes légales; rappeler l'observation de ces formes, etc.;

La mise en fourrière des animaux trouvés en délit;

La saisie des instrumens aratoires ou autres objets ayant servi au délit;

Les recherches faites pour découvrir et arrêter les auteurs d'un délit;

Les noms, domicile, profession des autres fonctionnaires ou des personnes présens à la rédaction du procès-verbal, qui l'ont signé, ou qui n'ont pas cru devoir le faire;

La signature du délinquant, s'il l'a donnée, ou bien la mention de son refus, après interpellation;

La mention de l'interprétation en langue allemande ou tout autre idiome, toutes les fois qu'elle a eu lieu.

Lorsqu'un individu, cité dans le procès-verbal, n'a pas l'usage de l'écriture, et ne sait pas signer, on fait mention dans l'acte de la cause qui a empêché l'individu de signer, en employant la phrase suivante:

*Le sieur... requis de signer le présent, après lecture faite, a déclaré ne savoir écrire ni signer.* Il est inutile, après cette déclaration, de faire tracer une croix au bas de l'acte, avec l'annotation de: *marque du sieur......*

Lorsque, l'acte étant rédigé et terminé, le Garde-champêtre s'aperçoit, en le lisant, de l'omission d'un ou de plusieurs mots, on en fait l'objet d'un renvoi qui est écrit aussitôt en marge du procès-verbal.

Ce renvoi doit être signé ou au moins paraphé ; à défaut de cette formalité, le Juge le considérerait comme une addition étrangère au procès-verbal, et n'y aurait pas égard.

Si cet acte contient des ratures ou des surcharges importantes, le Garde-champêtre doit les approuver en marge et parapher ou signer cette approbation, ou la placer à la fin de l'acte, avant sa signature.

# TITRE V.

## MODÈLES.

Cejourd'hui (*mettre les jour, mois et an*) à　　　heures avant (*ou* après) midi, je soussigné (*mettre les nom et prénoms*) Garde-champêtre de la commune d　mairie d　　　　　commissionné et assermenté, pourvu de ma plaque, etc.

Ce commencement peut servir pour tous les modèles.

Les Gardes-champêtres peuvent opérer isolément ou ensemble.

Quand ils sont deux ou trois pour constater un délit, ils indiquent les nom et prénoms de chacun d'eux.

Pour constater un délit de douanes (*), il faut que deux Gardes-champêtres soient réunis. (Article 1er, titre 4 de la loi du 28 avril 1799.)

(*) V. page 52.

## [ MODÈLE N° I<sup>er</sup> ]

*Plantation de tabac, faite en contravention aux lois.* (*)

. . . . . . . . . . . . . . . . . . . . . . . . . . . . . . . . . . . . . . . .

parcourant le sentier qui conduit du bas des vignes aux portions communales du canton de                    , ai aperçu des plantes de tabac dans un champ du sieur                    qui s'y trouvait en ce moment; je me suis approché de ce propriétaire en lui disant que la culture du tabac était défendue dans le départe-ment de                    , et qu'en conséquence il était en fraude. À quoi il m'a répondu qu'il ne faisait pas le commerce du tabac, et que les plantes qu'il cultivait étaient destinées à son usage personnel. Ce moyen de défense n'étant pas admissible, j'ai averti le sieur                    que, dans son intérêt, il devait arracher et détruire lui-même son plant de tabac : ce qu'il a fait en notre présence, et les plantes ont été

(*) V. page 60.

brisées et foulées aux pieds, de manière à
ne pouvoir être d'aucun usage ; elles étaient
au nombre de

De quoi j'ai dressé le présent, me réservant d'en prévenir les préposés des
contributions indirectes ; et ayant invité le
sieur                        à signer avec moi, il
y a consenti, à la condition que je ferais
mention de sa prompte obéissance à mon
avertissement.

Fait et signé ledit jour à
heures du                        , après lecture
faite.

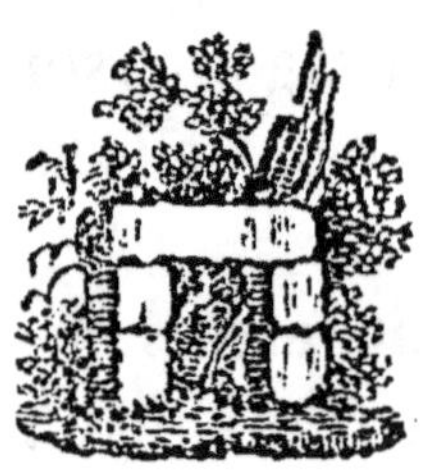

## [ MODÈLE N° II. ]

*-Poids et mesures. — Contravention aux lois et réglemens sur leur usage exclusif.* (*)

L'an mil huit cent          , le          du mois d          , à          heures (avant ou après) midi, je soussigné Garde-champêtre, Appariteur de police de la mairie d          , commissionné, assermenté et porteur de ma plaque, assistant le sieur          vérificateur des poids et mesures de l'arrondissement d          , en exécution de l'art. 2 de l'ordonnance du 18 décembre 1825, certifie m'être transporté avec lui chez le sieur          , demeurant rue          , et exerçant la profession de          ; y étant et parlant audit sieur          (ou bien à la femme dudit sieur          ou bien au commis dudit sieur          ), je lui ai demandé la représentation des poids, mesures, balances de magasin et de comp-

(*) V. page 65.

*

toir, et autres instrumens de pesage et de mesurage dont il faisait usage pour son commerce.

Cette représentation ayant été faite, le vérificateur a reconnu, en présence dudit sieur            , 1° qu'il se trouvait au nombre des poids en usage dans la boutique, un poids en fer, représentant l'ancienne livre, poids de marc, et deux poids de demi-livre, également en fer; tous trois non étalonnés ni rajustés et d'ancienne fabrication; 2° un poids en pierre, avec anneau de fer, soudé en plomb, représentant dix livres, ancien poids de marc; 3° une romaine à cadran, marquant jusqu'à cent livres, poids de marc, mais fausse à cet ancien poids, comme au nouveau.

Sur la réquisition du Vérificateur, lesdits poids en fer et en pierre, ainsi que la romaine, ont été immédiatement saisis, et j'ai déclaré au sieur            , contrevenant, procès-verbal, en l'invitant à nous accompagner à la maison commune pour assister à la rédaction de ce procès-verbal, en entendre la lecture et le signer; ce à quoi il s'est refusé, en disant au Vérificateur et à moi que ces poids, ainsi que la romaine à cadran, étaient hors de service, et qu'il était pourvu de l'assortiment des nouveaux poids, mesures et balances, exigé pour son commerce.

Les objets saisis ont été immédiatement transportés à la maison commune et mis, avec la permission et le concours de M. le Maire, sous le sceau de la commune.

De tout quoi il a été dressé procès-verbal, en présence du Vérificateur des poids et mesures qui l'a signé avec moi, après lecture faite, le même jour à heures          midi. (*)

(*) Il y a *délit* en matière de poids et mesures,

1° Lorsque l'acheteur est trompé par le vendeur sur la quantité de la chose vendue, par l'usage de faux poids ou de fausses mesures. (Code pénal, art. 423.)

2° Lorsque la vente a été faite avec fraude au moyen de poids et mesures prohibés, réputés faux. (Idem, art. 423 et 424.)

Sont réputés faux, pour l'application de la peine en cas de fraude, les anciens poids et les anciennes mesures, quand même ils auraient été vérifiés et poinçonnés ; sont également réputés faux, en cas de fraude dans la vente, les poids et mesures nouveaux ou présentés comme tels, qui n'auraient pas été poinçonnés. (Arrêtés du gouvernement du 15 février 1798, du 8 avril et du 29 juillet 1799.)

Il y a *contravention* en matière de poids et mesures,

1° Lorsque des faux poids ou des fausses mesures sont trouvés dans les magasins, boutiques, ateliers, dans les halles, foires ou marchés, quand même il ne serait pas constaté qu'on en ait fait usage. (Art. 479, n° 5, du Code pénal.)

2° Quand il est fait usage, quoique sans fraude, de poids ou de mesures différens de ceux que les lois en vigueur ont établis. (Idem, n° 6.)

3° Quand il est fait usage de poids et de mesures non vérifiés ni marqués du poinçon de l'année, après le délai fixé pour la vérification périodique. (Arrêts de la cour de cassation, du 8 novembre 1811, du 5 mars 1813, du 17 mai, du 19 octobre et du 13 décembre 1821.)

4° Quand un colporteur est trouvé, en quelque lieu que ce soit, porteur de faux poids ou de fausses mesures, ou de poids ou de mesures prohibés, quand même il ne serait pas constaté qu'il en ait fait usage. (Arrêts de la cour de cassation, du 12 juillet 1822 et du 21 mai 1824.)

5° Quand il est fait usage de poids ou de me—

sures décimaux dans le commerce en détail, ou quand les multiples ou fractions décimaux des poids et mesures métriques sont trouvés en évidence dans les boutiques ou sur les comptoirs des marchands en détail. (Arrêté du Ministre de l'intérieur, du 21 février 1816. — Arrêt de la Cour de cassation, du 29 janvier 1819.)

6° Quand un assujetti à la vérification n'est pas muni de la totalité de l'assortiment déterminé par les arrêtés du Préfet, pour le commerce, l'industrie ou la profession qu'il exerce. (Arrêts de la Cour de cassation, du 9 août 1821 et du 11 juillet 1822.)

7° Quand il y a refus de subir la visite, par fermeture des portes, boutiques ou magasins, au jour fixé pour la vérification périodique, dans les lieux où elle se fait à domicile.

Les Gardes-champêtres peuvent constater les délits et les contraventions sans l'assistance des Vérificateurs.

Les procès-verbaux sont remis au Maire, qui les transmet au Procureur du Roi, pour les délits, et au Juge-de-paix, pour les contraventions.

## [ MODÈLE N° III. ]

### *Chevaux pâturant en délit:* (*)

. . . . . . . . . . . . . . . . . . . . . . . . . . . . . . . . .

me trouvant au lieu dit (*donner le nom du lieu d'après l'usage local*), en tournée ordinaire, ai reconnu dans une pièce de trèfle, appartenant au sieur          , domicilié à          , cinq chevaux non appartenant à ce propriétaire et qui pâturaient en délit : après avoir fait des recherches dans les environs, j'ai trouvé couché dans un fossé, le nommé          , domestique (*ou fils*) de          habitant de          ; lui ayant demandé pourquoi il avait conduit dans cette pièce les chevaux de son maître (*ou père*), il m'a répondu que ses chevaux ne faisaient qu'arriver et qu'il ne les avait conduits que dans le fossé du chemin.

J'ai fait retirer les cinq chevaux, et j'ai déclaré au nommé          que j'allais dresser procès-verbal de cette contravention.

(*) V. page 72.

son maître (*ou son père*), attendu que, d'après la loi, ce dernier était civilement responsable du dommage. (*)

De quoi j'ai dressé le présent procès-verbal, étant de retour dans mon domicile, le même jour, à          heures du (matin ou soir).

(*) Art. 1384 du Code civil.—Art. 7 et 8 du titre 2 de la loi du 6 octobre 1791.

### [ MODÈLE N° IV. ]

*Chevaux et poulains en pâture dans des prés mis en réserve, après la première récolte.* (*)

........ faisant ma tournée ordinaire et revenant par le sentier des prés, ai aperçu, à        heures du (matin ou soir), vingt-deux chevaux et cinq poulains, en vaine pâture, dans les prés appartenant à divers particuliers et notamment aux sieurs

ces prés ayant été mis en réserve, après leur première coupe (**), conformément à la coutume locale, maintenue par l'art. 10, section 4 du titre 1er de la loi du 6 octobre 1791, et en vertu d'une délibération du conseil municipal, dûment approuvée

(*) V. page 73.
(**) « Partout où les prairies naturelles sont
« sujettes au parcours ou à la vaine pâture, ils
« n'auront lieu provisoirement que dans le temps
« autorisé par les lois et coutumes, et jamais
« tant que la première herbe ne sera pas ré--
« coltée. »

par l'autorité supérieure, j'ai reconnu qu'il y avait contravention de la part des propriétaires de ces chevaux et poulains; m'étant approché des deux gardiens, les nommés                    , domestique du sieur                    , fermier, et                    fils du sieur                    , propriétaire, je leur ai déclaré que j'allais dresser un procès-verbal contre eux, attendu que leurs maître et père ne pouvaient ignorer la mise en réserve des prairies, puisque l'arrêté de la préfecture a été publié et affiché dans la commune : à quoi l'un d'eux, le nommé                    , a répondu que

Je leur ai prescrit de faire retirer sur-le-champ leurs chevaux; ce qu'ils ont fait. De ces vingt-deux chevaux, dix appartiennent au sieur                    , quatre au sieur                    et                    à la veuve                    , tous trois domiciliés dans notre commune; deux des poulains appartiennent à cette même veuve, et les trois autres, à                    

De tout quoi j'ai rédigé le présent procès-verbal, le même jour. Clos et signé à                    heures du ( matin ou soir ).

## [ MODÈLE N° V. ]

*Parcours et vaine-pâture, avant le temps permis.* (*)

........................................

étant en cours de tournée au canton de terres labourables, nommé                , ai reconnu que l'on y avait conduit du bétail en pâture, quoique les récoltes de ce canton n'aient été enlevées que ce matin : ce fait étant une contravention à l'article 22, titre 2 de la loi du 6 octobre 1791, qui ne permet de mener les troupeaux d'aucune espèce dans les champs moissonnés et ouverts que deux jours après la récolte entière (**),

(*) V. page 72.

(**) « Dans les lieux de parcours ou de vaine
« pâture, comme dans ceux où ces usages ne
« sont pas établis, les pâtres et les bergers ne
« pourront mener les troupeaux d'aucune espèce
« dans les champs moissonnés et ouverts, que
« deux jours après la récolte entière, sous peine
« d'une amende de la valeur d'une journée de
« travail : l'amende sera double, si les bestiaux
« d'autrui ont pénétré dans un enclos rural. »
(Art. 22, titre 2 de la loi du 6 octobre 1791.)

je me suis approché et ai vu qu'il y avait
dans ces terrains douze vaches et cinq veaux,
conduits par le berger du sieur
fermier du domaine de
Ce berger interrogé par nous sur ce qui
avait pu le déterminer à conduire son troupeau en pâture, avant les deux jours ré-
volus, a répondu que (*mettre exactement
sa réponse, telle qu'elle est faite.*)

Cette réponse ne pouvant détruire le fait
de contravention à la loi, je lui ai déclaré
que j'allais dresser contre lui un procès-
verbal, et lui ai prescrit de retirer son
troupeau ; ce qu'il a fait : et de retour en
mon domicile, j'ai dressé le présent pour
y être donné, par qui de droit, telles suites
qu'il appartiendra.

Fait, clos et signé ledit jour, à
heures du (matin ou soir).

## [ MODÈLE N° VI. ]

### *Renversement de terres labourées.* (*)

Cejourd'hui                    mil
huit cent        , à        heures du ( matin
ou soir), me trouvant au canton dit

Je soussigné, Garde-champêtre,        etc.,
ai vu venir à moi le sieur
                                ,
domicilié à                    , lequel m'a déclaré
porter plainte contre le sieur        ,
fermier, cultivant le domaine du sieur        ,
attendu que ce fermier, en labourant plusieurs de ses champs, voisins de ceux du
plaignant, s'est permis des anticipations,
a retourné avec sa charrue (**) des parties en-

(*) V. page 71.
(**) « Si quelqu'un, avant leur maturité, coupe
« ou détruit de petites parties de blé en vert, ou
« d'autres productions de la terre, sans intention
« manifeste de les voler, il paiera en dédomma-
« gement au propriétaire une somme égale à la
« valeur que l'objet aurait eue dans sa maturité ;
« il sera condamné à une amende égale à la somme
« du dédommagement, et il pourra l'être à la
« détention de police municipale. » ( Art. 28,
titre 2 de la loi du 6 octobre 1791. )

semencéees, et, par ces voies de fait, a fait un notable dommage au plaignant : déférant à cette plainte, je me suis rendu sur les lieux, et j'ai reconnu, en présence du réclamant et des sieurs                           ,

1° Qu'en effet le sieur                       , en labourant un champ contigu d'une part à                       , et de l'autre à                   , a retourné une, deux, trois, etc., *roies* qui étaient ensemencées et que le plaignant a dit faire partie de son terrain ;

2° Qu'en labourant un autre champ, situé             , contigu d'une part à                 , et de l'autre        à       , le même sieur a retourné                 *roies* également ensemencées (ou plantées en                 ), et que le plaignant a dit aussi faire partie de son terrain ;

3° Etc.

Le sieur (le fermier prévenu d'anticipation), étant arrivé sur l'entrefaite, je soussigné lui ai déclaré que d'après la plainte portée et la vérification des faits énoncés, j'allais dresser contre lui un procès-verbal, conformément à la loi du 6 octobre 1791, qui charge les Gardes-champêtres d'assurer les propriétés et de garder les récoltes : à quoi ledit            m'a répondu qu'il n'avait fait que reprendre son terrain; qu'il ne craignait pas les suites que pouvait avoir ce procès-verbal devant M. le Juge-de-paix et même devant le tribunal; qu'il justifierait le fondement de son entreprise par ses titres d'acquisition, etc. Le plaignant a persisté à me requérir de dresser un rapport.

De tout quoi j'ai dressé le présent procès-verbal, que le sieur            , plaignant, a demandé à signer et a, en effet, signé ainsi que moi, après lecture faite.

Et le présent procès-verbal étant rédigé, je Garde-champêtre, désigné ci-dessus, crois nécessaire de faire observer à l'autorité que le sieur            , plaignant, est son proche parent, c'est-à-dire son beau-frère, ou oncle, ou cousin, etc.) (*).

(*) La Cour de cassation a décidé qu'un Garde-champêtre pouvait instrumenter contre ses proches parens, ainsi que peut le faire un huissier. (Arrêt du 7 novembre 1817.) Leurs procès-verbaux font foi pour ou contre tous, parens ou non parens.

Il n'y a souvent qu'un Garde-champêtre dans

Qu'il n'a pu s'empêcher de constater la plainte dudit sieur                , et qu'il a agi en son âme et conscience ; mais qu'il a cru devoir faire cette déclaration, pour être à l'abri de tout soupçon.

Clos et signé le même jour, à        heures du

une commune ; s'il ne pouvait ni recevoir les plaintes de ses proches parens, ni constater les délits ruraux commis sur leurs propriétés, ce serait assurer en quelque sorte l'impunité de ceux qui s'attaqueraient à la famille du Garde-champêtre.

## [ MODÈLE N° VII. ]

### *Fossé commun, comblé* (*).

. . . . . . . . . . . . . . . . . . . . . . . . . . . . . . . . . . . . .

ai reconnu que le fossé servant à l'écoulement des eaux du canton de               ,
venait d'être comblé (**) en grande partie par l'entreprise des sieurs                       ,
et                       , tous trois propriétaires domiciliés à                 , qui, en labourant les terrains qui longent ce fossé, y ont versé des terres. Ayant rencontré le sieur               ,
je lui ai demandé pourquoi il s'était prêté à combler ce fossé qui ne lui appartenait pas, et qui était d'un usage commun à une grande étendue de prés et de terres labourables qui souffriraient désormais de l'inondation, par le défaut d'écoulement des eaux ; à quoi il m'a répondu que les sieurs
et                       ainsi que lui, étaient autorisés par l'acte d'adjudication passé le

(*) V. page 128.
(**) Art. 17, titre 2 de la loi du 6 octobre 1791.
—Art. 452 du Code pénal.

devant le district de                    , à ne pas
reconnaître de fossé dans cette partie; que
ce fossé devait être reporté jusqu'à la lisière
du petit bois communal de                    ;
malgré cette réponse, et attendu que le
comblement du fossé s'est fait sans le concours et l'autorisation de l'autorité municipale, je lui ai déclaré que j'allais dresser un
procès-verbal pour constater cette entreprise;
à quoi il a répliqué qu'il ne s'y opposait
pas et qu'il irait le signer à midi chez moi,
pourvu que j'y misse ses réponses.

Et, en effet, étant occupé, en mon domicile, à dresser le présent, j'ai vu arriver
ledit sieur                    , accompagné des
deux autres propriétaires, les sieurs
et                    , qui m'ont renou-
velé la déclaration déjà faite et ont signé
avec moi, après lecture et même après interprétation en langue allemande, l'un des
déclarans, le sieur                    , ne sachant
pas le français.

Fait et clos ledit jour, à
heures du                    .

### [ MODÈLE N° VIII. ]

*Passage de voiture et de chevaux à travers des récoltes.* (*)

. . . . . . . . . . . . . . . . . . . . . . . . . . . . . . . . . . . .

certifie avoir vu un particulier, vêtu et accompagné d'une femme, traverser, avec une voiture vide, attelée de quatre chevaux, les champs ensemencés près de la croix                    ; ayant couru après cette voiture et ayant arrêté les chevaux, j'ai sommé le particulier de me déclarer ses nom, prénoms et domicile, attendu que j'allais lui faire un procès-verbal pour avoir nui aux récoltes, dans un temps où le terrain était couvert de grains en tuyaux. Au lieu de me répondre, cet individu a fouetté ses chevaux à plusieurs reprises; mais je suis parvenu à détacher les deux chevaux de devant, et j'ai déclaré à l'inconnu que ces chevaux allaient être conduits (**) à                , lieu de ma résidence,

(*) V. page 70.
(**) Art. 12, titre 2 de la loi du 6 octobre 1791.

et mis en séquestre, à ses frais, jusqu'à ce qu'il ait été prononcé sur le délit; alors ledit inconnu m'a déclaré se nommer

et être domicilié à                    , ainsi que je pouvais le vérifier par la plaque mise sur le timon de sa voiture (*): ce que j'ai fait. Le nom et le domicile m'étant connus, j'ai jugé inutile d'emmener les deux chevaux et les ai laissés libres ainsi que le délinquant, en lui renouvelant la déclaration déjà faite que j'allais dresser un procès-verbal contre lui.

Revenant sur mes pas et suivant les traces de la voiture, j'ai reconnu qu'elle était passée dans un verger, nouvellement planté.

(*) « Tout propriétaire de voitures de roulage « sera tenu de faire peindre sur une plaque de « métal, en caractères apparens, son nom et son « domicile; cette plaque sera clouée en avant de « la roue et au côté gauche de la voiture, et « ce, à peine de 25 francs d'amende. L'amende « sera double, si la plaque portait soit un nom, « soit un domicile faux ou supposé. » (Art. 9 de la loi du 23 décembre 1797, rappelé textuellement dans l'art. 34 du décret du 23 juin 1806. — V. page 122.)

Quatorze jeunes cerisiers ont été atteints par les roues ou par les chevaux, et renversés ; la barrière placée près du champ du sieur                a été arrachée par la roue et brisée. Le choc des roues a entraîné une borne qui séparait les sillons du sieur                et du sieur                , lesquels propriétaires sont venus m'en porter plainte ; enfin la voiture a traversé un champ de navette, presque mûre, où toutes les plantes ont été renversées et broyées dans toute l'étendue atteinte par la voiture et les chevaux.

De tout quoi, j'ai etc.

## [MODÈLE N° IX.]

*Pré fauché en délit.* (*)*— Visite domiciliaire.* (**)

. . . . . . . . . . . . . . . . . . . . . . . . . . . . . .

sur l'avis qui nous a été donné par un
habitant, que l'on avait fauché en délit,
pendant la nuit dernière, une étendue de
terrain en sainfoin, appartenant au sieur
          , propriétaire, domicilié à          ,
me suis rendu sur ce terrain et ai constaté qu'en effet on a coupé le sainfoin
sur une largeur de dix mètres et une profondeur de huit mètres d'un côté, et treize
de l'autre; ayant interrogé le propriétaire,
il m'a déclaré que cela s'était fait sans sa
participation; en conséquence, il nous a
requis de constater le délit par un procès-
verbal, ce que j'ai fait, et il a signé avec
moi, après lecture faite, et après interprétation en langue allemande.

Et le même jour, des renseignemens

(*) V. page 71.
(**) V. page 42.

nous ayant donné des indices sur le lieu où était déposé le sainfoin, je me suis rendu chez M. le Maire, en le priant de nous accompagner, conformément à l'article 16 du Code d'instruction criminelle, dans une visite domiciliaire; à quoi M. le Maire ayant déféré, nous nous sommes rendus ensemble au domicile du nommé          , habitant du lieu, alors absent, mais dont la femme nous a déclaré n'avoir aucune connaissance d'un dépôt de sainfoin dans leur maison. Ayant procédé à la perquisition, toujours accompagné de M. le Maire, nous avons trouvé, au fond de l'écurie, un tas de sainfoin, fraîchement coupé et pouvant faire une voiture; ayant demandé à la femme          d'où provenait ce sainfoin, elle a répondu qu'elle l'ignorait; lui ayant demandé si son mari avait du sainfoin dans sa propriété, elle a dit qu'elle l'ignorait; les mêmes questions ayant été faites au nommé          , garçon de charrue du nommé          , il a répondu que son maître avait conduit ce sainfoin le matin et qu'il avait dit l'avoir acheté à                    , du sieur

De tout quoi le présent procès-verbal a été dressé, toujours en présence de M. le Maire de                    , qui a signé.

### [MODÉLE Nº X.]

*Vol de fruits. — Bris de branchages.* (*)

. . . . .  . . . . . . . . . . . . . . . . . . . . . . . . . . . .
étant en station près d'un arbre, derrière la maison du pâtre, ai reconnu les deux garçons du nommé                qui entraient dans le jardin ou verger (clos ou non clos) du sieur                ; ils se sont dirigés vers un cerisier; le plus jeune de ces garçons est monté sur l'arbre et a cassé plusieurs branches chargées de fruits; je me suis empressé de m'approcher d'eux et de leur reprocher leur conduite, en leur annonçant que j'allais les conduire devant le Maire : ce que j'ai fait aussitôt. M. le Maire m'ayant dit que je pouvais les laisser en liberté et qu'il suffisait de dresser un rapport, j'ai obéi et me suis retiré en mon domicile pour y dresser le présent.

Fait et clos ledit jour, à                heures du                , et ai signé.

(*) V. pages 71 et 154.

## [MODÈLE N° XI.]

### *Gerbes enlevées nuitamment.* (*)

..................................................

rentrant à onze heures du soir, au village, par le chemin de               , j'ai entendu plusieurs personnes marcher très-vîte devant moi; m'étant mis à courir pour les atteindre et n'étant plus qu'à la distance de six à sept pas, j'ai vu distinctement que ces individus venaient de jeter par terre des gerbes dont ils étaient chargés, et ensuite m'étant encore approché, j'ai reconnu que c'étaient les nommés               et                     , tous deux habitans de               ; leur ayant demandé où ils avaient pris ces gerbes, l'un d'eux m'a répondu que je me trompais et que ce n'était pas eux qui avaient jeté ces gerbes par terre; leur ayant demandé d'où ils venaient à une heure aussi avancée, ils n'ont su que me répondre; sur la menace que je leur ai faite de dresser un rapport contre eux, le nommé               m'a dit

(*) V. pages 41 et 71.

*

que ces gerbes lui appartenaient. Cette déclaration tardive me paraissant suspecte,
je leur ai de nouveau déclaré que je dresserais procès-verbal, sauf à eux à faire valoir
leurs moyens de défense devant l'autorité
compétente.

Les gerbes, au nombre de six, ont été
mises en dépôt à la maison commune.

De tout quoi j'ai dressé, etc.


Et le lendemain,
à          heures du          , s'est présenté
chez moi le sieur          , domicilié
dans notre commune, lequel m'a déclaré
que les six gerbes saisies la veille ont été
enlevées de son champ, non clos, situé
au canton de          . M'étant
rendu sur place, j'ai reconnu dans le champ
un vide qui, par la position des gerbes
dans tout le reste du terrain, a pu en
effet contenir six gerbes. M. le Maire m'ayant
prescrit de rendre audit sieur
les gerbes séquestrées, j'ai obéi à cet ordre
et ledit sieur          a signé avec

moi le présent, après lecture faite, pour justifier de cette délivrance.

Fait et clos ledit jour, à          heures du          .

## [MODÈLE N° XII.]

*Enlèvement de terre dans un pâtis communal. (*) — Injures verbales. (**)*

. . . . . . . . . . . . . . . . . . . . . . . . . . . . . . . . . . . .

ayant vu entrer dans le jardin du sieur          , propriétaire à          , deux voitures chargées de terre, ai attendu qu'elles fussent vides et qu'elles retournassent au lieu du chargement : (***) les ayant suivies, j'ai reconnu que ce chargement de terre avait lieu dans le pâtis communal nommé          et que ledit sieur          y avait envoyé son fils aîné pour surveiller et diriger le travail; ayant demandé à ce jeune homme de quel droit il enlevait des terres dans cet endroit, il m'a répondu que cela n'appartenait à personne, et que la commune n'en faisant aucun usage, son père n'avait pas cru qu'il fût défendu d'y prendre des terres pour combler la mare située au

(*) V. page 41.
(**) V. pages 16 et 151.
(***) Art. 44, titre 2 de la loi du 6 octobre 1791.

bout de son jardin. J'ai déclaré au sieur                que j'allais dresser procès-verbal contre son père pour cette entreprise, et qu'il fallait qu'il renvoyât sur-le-champ ses ouvriers, lui annonçant qu'il ne serait plus enlevé de terre désormais. En effet, ledit sieur                          a renvoyé ses cinq ouvriers et les deux charretiers. L'ayant invité à m'accompagner chez moi pour assister à la rédaction du procès-verbal et pour le signer, il m'a répondu qu'il le voulait bien; mais, dans cet instant, est survenu le père dudit jeune homme, prévenu par ses charretiers, lequel n'a pas voulu entendre mes observations et n'a cessé de m'injurier en m'appelant ivrogne, voleur et d'autres qualifications outrageantes, en disant qu'il se moquait de mon procès-verbal et qu'il saurait bien me mettre à la raison; que je passerais par ses mains à la première occasion; que je ne menaçais de dresser un procès-verbal contre lui que parce qu'il n'avait pas voulu payer à boire; etc., etc.

Pendant ces injures proférées à haute

voix et de manière à être entendues au loin, sont survenus les sieurs
qui ont vu le sieur
me menacer et m'injurier. M'étant retiré pour rédiger mon procès-verbal, j'ai requis lesdits sieurs                     de m'accompagner pour le signer; à quoi deux d'entr'eux, le sieur         , âgé de     ans, et le sieur           , âgé de     ans, tous deux cultivateurs à               , ont déféré, déclarant qu'ils étaient prêts à en porter témoignage en justice, s'ils y sont appelés.

Fait et clos ledit jour à         heures du         et ont les deux témoins signé avec moi, après lecture faite.

## [MODÈLE N° XIII.]

*Glanage et ratelage, défendus avant l'entier enlèvement des récoltes.* (*)

. . . . . . . . . . . . . . . . . . . . . . . . . . . . . .

certifie qu'étant en tournée pour garder les champs où l'on coupe et enlève les orges et les avoines, je me suis aperçu que des glaneurs et rateleurs s'étaient introduits dans des sillons non entièrement dépouillés de leurs javelles et appartenant au sieur　　　　　; m'étant approché d'eux, j'ai reconnu la femme　　　　et ses trois garçons; la femme　　　　et sa fille aînée, mariée au nommé　　　　; je leur ai prescrit de sortir de ces sillons, attendu qu'on n'avait pas le droit d'y glaner tant que les javelles n'étaient pas entièrement enlevées, et leur ai déclaré que j'allais dresser procès-verbal pour constater cette contravention à l'article 21, titre 2 de la loi du 6 octobre 1791. (**)

(*) V. page 154.
(**) « Les glaneurs, les rateleurs et les grapilleurs,

J'allais même saisir le produit du glanage, quand le sieur             , propriétaire des terrains, m'a déclaré que je pouvais le laisser à ces glaneurs, qui sont partis à l'instant.

Fait, clos et signé le même jour, à     heures ( avant ou après ) midi.

dans les lieux où les usages de glaner, de rateler ou de grapiller sont reçus, n'entreront dans les champs, prés et vignes, récoltés et ouverts, qu'après l'enlèvement entier des fruits. En cas de contravention, les produits du glanage, du ratelage et du grapillage seront confisqués, et, suivant les circonstances, il pourra y avoir lieu à la détention de police municipale. Le glanage, le ratelage et le grapillage sont interdits dans tout enclos rural, tel qu'il est défini à l'article VI de la 4ᵉ section du premier titre du présent décret. » (Art. 21, titre 2 de la loi du 6 octobre 1791.)

## [MODÈLE N° XIV.]

### *Échenillage.* (*)

. . . . . . . . . . . . . . . . . . . . . . . . . . . . . . . . . . . . . . . .

faisant ma tournée dans le canton dit           ,
pour m'assurer si l'on s'était conformé à
l'arrêté de M. le Préfet, qui ordonne l'échenillage des arbres, suivant les dispositions
de la loi du 16 mars 1796, ai reconnu
que les arbres du verger du sieur
n'avaient pas été échenillés et que l'on
y apercevait un grand nombre de bourses
et de toiles de chenilles. Cette négligence
étant une contravention prévue par le n° 8
de l'article 471 du Code pénal, j'ai dressé
le présent rapport ledit jour, et l'ai signé.

(*) V. pages 73 et 154.

## [MODÈLE N° XV.]

### *Délits dans les vignes.* (*)

. . .  . . . . . . . . . . . . . . . . . . . . . . . . . . . . . . .

ayant été averti que les clôtures des vignes, au lieu dit            , avaient été forcées, m'y suis rendu et ai reconnu;

1° Que la haie sèche qui entoure la vigne du sieur                    , propriétaire de cette commune, avait été dégradée et qu'on y avait fait une ouverture d'un mètre de largeur;

2° Qu'il y avait dans cette vigne de nombreuses traces du passage de plusieurs chevaux dont on reconnaît distinctement la marche;

3° Que des échalas ont été cassés et les ceps de vigne abroutis; que les échalas cassés sont au nombre de cinquante environ;

4° Qu'il paraît que ces chevaux, après avoir parcouru cet enclos de vignes et y avoir pâturé, sont sortis par l'ouverture

. (*) V. page 75.

que nous avons d'abord remarquée, attendu que la haie sèche est intacte partout ailleurs.

Information prise aux environs et près de divers propriétaires, je n'ai pu avoir aucun renseignement qui me fit connaître à qui ces chevaux appartenaient.

De retour en mon domicile, j'ai rédigé et clos le présent procès-verbal, ledit jour à six heures du soir, pour servir et valoir au besoin. (*)

(*) Pour constater un délit, il n'est pas nécessaire que le Garde-champêtre l'ait vu commettre, ni qu'il en connaisse les auteurs. Il suffit qu'il en ait vu la trace et reconnu l'existence, pour être obligé de dresser un procès-verbal régulier.

A défaut de la rédaction de cet acte dans les 2¼ heures, le Garde-champêtre devient responsable du dommage.

Il encoure également cette responsabilité, si, connaissant ou ayant pu connaître les auteurs d'un délit, il a négligé de les rechercher et de les signaler.

[MODÈLE N° XVI.]

*Procès – verbal d'arrestation de déser-
teurs.* (*)

Cejourd'hui , etc.

Je              soussigné , Garde-champêtre
de la Mairie de              etc., me trouvant au
lieu dit ( donner le nom du lieu d'après
l'usage local ), en tournée ordinaire , ai
rencontré un individu étranger , vêtu d
              , auquel j'ai demandé ses nom et
prénoms et pour quels motifs il se trouvait
sur le territoire de cette commune. Cet individu m'a répondu qu'il se nommait ( indiquer les nom et prénoms ), qu'il était natif
de              et domicilié à              ( indiquer le département auquel appartiennent
le lieu de naissance et celui du domicile ),
qu'il est en activité de service militaire
dans le    eme régiment d              en garnison
à              , et qu'il a quitté ce corps,
sans permission, il y a              jours.

Je l'ai invité à me faire connaître les

(*) V. page 28.

motifs pour lesquels il a abandonné son régiment; il m'a répondu que ( relater la réponse que fera le militaire ).

Sur la déclaration de cet individu, je l'ai arrêté et l'ai conduit immédiatement à la brigade de gendarmerie de                .

J'ai demandé au Commandant de la gendarmerie un certificat attestant la remise que je lui ai faite de ce déserteur et la destination qu'il a reçue, à l'effet de transmettre cette pièce avec le présent procès-verbal à M. l'Intendant militaire de la division.

Le présent, clos et signé à                , le même jour, à                heures du                , a été rédigé à l'effet d'obtenir la prime accordée par l'art. 6 du décret du 11 juin 1806.

FRAIS
DE JUSTICE CRIMINELLE.

MOIS D

DE L'AN 18     .

N.          (sa qualité.)

(*) MÉMOIRE des frais de captures dus, en vertu de l'art. 77 du réglement du 18 juin 1811, à N.          , Agent de police ou Garde-champétre à la résidence d          , département
d

| NUMÉROS D'ORDRE. | DATES des CAPTURES. | NATURE des crimes, délits ou contraventions. | AUTORITÉS qui ont requis les captures. | DÉSIGNATION DES ACTES en vertu desquels les captures ont eu lieu. | PRIX des CAPTURES. |
|---|---|---|---|---|---|
|  |  |  |  |  |  |

Je soussigné (la qualité) certifie véritable le présent mémoire.

A          le          18

(*) Ce modéle est annexé, sous le n° 19, à l'instruction générale sur les frais de justice en matière criminelle, correctionnelle ou de simple police, du 30 septembre 1816.

[MODÉLE N° XVII.]

*Excavation sur la voie publique, sans mesures de précaution.* (*)

Cejourd'hui                    à huit heures du soir, sur la plainte qui m'a été portée par le sieur            , domicilié à            , que le sieur            avait fait un grand trou sur la voie publique, devant sa grange, sans y mettre de barrière le soir et sans avoir éclairé ce passage; que deux chevaux du réclamant venaient de tomber dans cette excavation;

Je soussigné Garde-champêtre, etc., me suis rendu dans le chemin indiqué, et j'ai reconnu que la plainte était exacte. Le trou est profond de trois mètres; il n'y a point de barrière pour prévenir les accidens; le sieur            n'a pas mis de lanterne suivant l'usage et d'après ce que prescrit le n° 4 de l'article 471 du Code pénal, pour faire apercevoir le danger. Le plaignant m'a requis de faire visiter ses chevaux pour faire constater leur état; je lui ai

(*) V. pages 119 et 153.

répondu qu'il devait s'adresser pour cela à M. le Maire et que j'allais dresser un procès-verbal de sa plainte. J'ai fait appeler le sieur                    , délinquant, et lui ai annoncé que j'allais constater la contravention par lui commise; à quoi il m'a répliqué que la faute ne venait pas de son fait, mais de celui de son maçon, à qui il avait recommandé de prévenir les accidens, en plantant des pieux et en attachant des perches ou des planches; il a ajouté qu'il produirait au besoin des témoins pour prouver la vérité de cette réponse.

J'ai prescrit à l'instant audit de placer une lanterne près de la muraille pour éclairer le passage et faire cesser le danger : ce qu'il a fait. (*)

De tout quoi j'ai dressé, etc.

(*) « L'obligation d'éclairer soit les matériaux « entreposés, soit les excavations faites dans toutes « les parties de la voie publique, est générale, « absolue, prescrite à tous, en tout temps et en « tous lieux. Il n'est point de règle de police « qui ait été plus digne de fixer l'attention du « législateur par ses rapports intimes et immé— « diats avec la sûreté des citoyens. » ( Arrêt de la Cour de cassation, du 27 décembre 1828.)

## [MODÈLE N° XVIII.]

### *Divagation d'animaux malfaisans.* (*)

Cejourd'hui                     mil huit cent
          , s'est présenté devant nous, Garde-
champêtre de la mairie d                    ,
commissionné et assermenté, le sieur
                    qui nous a invité, et au
besoin, requis de recevoir de lui une plainte
qu'il a faite, ainsi qu'il suit : J'étais, nous
a-t-il dit, à travailler dans un champ de
pommes de terre, lorsqu'un taureau, qui
était sans conducteur, a quitté le chemin
public et est arrivé sur moi, en courant;
surpris et n'ayant pas le temps de l'éviter,
j'ai été renversé, après avoir reçu un coup
très-violent à la cuisse droite; cet animal
a ensuite poursuivi sa course, en traversant
plusieurs champs couverts de récoltes et
où il a fait du dommage, et est rentré à
la ferme de                    , à laquelle
il appartient. Cette déclaration terminée,
le plaignant a ajouté qu'il se proposait de

(*) V. page 159.

demander des dommages-intérêts au propriétaire du taureau, responsable de l'avoir
laissé divaguer. Ce propriétaire est le sieur
, cultivateur.

Ledit sieur                   nous a ensuite
signalé comme témoins trois ouvriers,
travaillant dans un champ voisin du sien;
savoir : 1°                    2°
3°                           , tous trois domiciliés
à                                                    .

Lecture faite au sieur           , plaignant,
de sa déclaration, il a dit y persister, en
a requis acte et a signé avec nous, après
lecture faite, le même jour, en notre domicile, à          heures avant ( ou après )
midi.

## [MODÈLE N° XIX.]

*Feu allumé dans les champs, à une distance prohibée.* (*)

. . . . . . . . . . . . . . . . . . . . . . . . . . . . . . .

ayant aperçu de loin de la flamme et une épaisse fumée, hors du village, près du chemin qui conduit à                   , et m'y étant transporté en toute hâte, ai reconnu que cela provenait d'un vaste feu, (**) s'élevant dans l'air de trois ou quatre mètres, et allumé dans un champ appartenant au sieur                 , propriétaire : lequel, alors

(*) V. pages 74 et 81.

(**) « Toute personne qui aura allumé du feu « dans les champs plus près que cinquante toises « (99 *mètres*) des maisons, bois, bruyères, ver- « gers, haies, meules de grains, de paille ou de « foin, sera condamnée à une amende....... » (Art. 10, titre 2 de la loi du 6 octobre 1791.) La pénalité de cette contravention est réglée par l'article 458 du Code pénal.

présent, a répondu à mes diverses questions que ce feu était causé par les pailles
de son colzat, battu le jour même sur
place; que les cendres étant bonnes pour
servir d'engrais, il avait voulu en faire l'essai
pour amender sa propriété qui doit être
labourée sous peu de jours; que ce feu
ne pouvait être dangereux et que je voyais
bien qu'il le surveillait avec attention, etc.:
à quoi j'ai répondu que l'emplacement de
ce feu étant à une distance très-rapprochée
du verger du sieur                  , et de la
haie qui enclot le jardin du presbytère, j'allais
dresser un procès-verbal pour constater ce
fait, défendu expressément par l'article 10,
titre 2 de la loi du 6 octobre 1791;
et alors s'est présenté à moi, le sieur                  ,
propriétaire du verger le plus voisin, lequel
s'est porté plaignant contre le sieur    ,
délinquant, à cause du préjudice que lui a
porté la fumée du monceau de paille de
colzat, en faisant fuir les abeilles du rucher
placé dans son verger; requis par ce propriétaire de vérifier sa plainte en me rendant dans son verger, j'ai invité le sieur

, délinquant, à nous suivre : à quoi il s'est refusé absolument. Je me suis alors rendu dans le verger, et j'ai reconnu que le vent portait pleinement la fumée de ce côté; que des débris de paille de colzat, brûlés, étaient enlevés par le vent et venaient tomber dans le verger; que le rucher contenant vingt-cinq paniers remplis, était atteint par la fumée; qu'une immense quantité de mouches à miel étaient sorties des ruches et formaient dans l'air, et à une grande élévation, des espèces d'essaim. Ce fait ainsi constaté en présence du plaignant, je suis revenu près du feu, requérant le sieur　　　　　　de l'éteindre sur le champ : ce qu'il a fait.

J'ai alors mesuré avec un mètre dûment étalonné, la distance du feu aux clôtures les plus voisines, et j'ai constaté 1° que du feu au verger du sieur　　　　　　　　　，
plaignant, il y a soixante-deux mètres; 2° qu'il y a cinquante-cinq mètres de ce même feu à l'angle de la haie du jardin du presbytère.

Ayant invité le sieur　　　　　　　，

plaignant, à m'accompagner dans mon domicile, il s'y est rendu aussitôt : j'ai rédigé
en sa présence le présent procès-verbal
qu'il a signé avec moi, après lecture faite.

Fait, clos et signé le même jour, à
heures du ( matin ou soir ).

Et au moment de signer, ledit sieur
a déclaré vouloir se porter partie civile
contre le sieur              , délinquant, et
réclamer une indemnité qu'il évalue à cent
cinquante francs. Je lui ai fait observer
que cela était étranger à mes attributions
et que sa demande serait jugée par qui
de droit : néanmoins, j'ai consenti à faire
mention de sa demande, pour servir et
valoir ce que de raison : et avons signé
les jour et heure susdits, après lecture faite
de la présente addition au procès-verbal.

## [MODÈLE N° XX.]

### *Batiment menaçant ruine.* (*)

. . . . . . . . . . . . . . . . . . . . . . . . . . . . . . . . . . . .

me suis aperçu, en passant devant la maison du sieur                , donnant sur le chemin d                , que le mur de façade de cette maison avait une lésarde considérable, depuis le toit jusqu'à une fenêtre du premier étage, et ensuite depuis la pierre d'appui de cette fenêtre jusqu'à la hauteur d'un mètre du sol; ai reconnu également que le mur de cette façade s'était détaché des murs de refend et qu'il surplombait sur la voie publique d'une manière apparente.

Ce mur menaçant ruine et cette situation étant dangereuse pour la sûreté publique, j'ai averti sur-le-champ le sieur
de ce que je venais d'observer, en le prévenant que j'allais en faire par écrit un rapport à M. le Maire, chargé par la loi du 24 août 1790, art. 3 du titre 11, de

(*) V. pages 83 et 153.

prendre des mesures à l'égard des bâtimens menaçant ruine sur la voie publique. Je l'ai prévenu aussitôt, et d'abondant, que l'article 1386 du Code civil était conçu ainsi qu'il suit : « Le propriétaire d'un « bâtiment est responsable du dommage « causé par sa ruine, lorsqu'elle est arrivée « par une suite du défaut d'entretien ou « par le vice de sa construction : » à quoi, le sieur          m'a répondu : (mettre la réponse.)

M'étant retiré, j'ai dressé le présent rapport pour être remis dans le jour à M. le Maire.

Fait et clos à etc.

# [ MODÈLE Nº XXI. ]

## *Délit de chasse.* (*)

. . . . . . . . . . . . . . . . . . . . . . . . . . . . . . . . . . . . .

me trouvant à          heures du            ,
au lieu dit                   , en tournée ordinaire, j'ai entendu tirer un coup de fusil ;
m'étant dirigé vers le bruit, j'ai vu un
homme, vêtu (indiquer les vêtemens, et
même, s'il est possible, donner des détails
sur le signalement de l'individu), lequel avait
à la main un fusil (à un coup ou à deux
coups, à ancienne batterie ou à piston)
qu'il rechargeait ; à quelques pas de lui
était un chien (courant ou d'arrêt).

M'étant rendu près de ce chasseur (**),
je lui ai fait observer qu'il chassait pendant
le temps défendu par les arrêtés de M. le
Préfet du département d          , et qu'en
conséquence il commettait une contravention dont j'allais dresser un procès-verbal.

(*) V. pages 84 et 177.
(**) La loi défend au Garde de chercher à désarmer le chasseur. (Article 5 de la loi du 30
avril 1790. )

Lui ayant demandé son nom et sa demeure, il a refusé de les dire et il s'est éloigné aussitôt avec précipitation; lui ayant demandé s'il était pourvu d'un port-d'armes de chasse, l'individu a continué à fuir, sans me répondre; m'étant déterminé à suivre cet inconnu, j'ai marché derrière lui et sans le perdre de vue, jusqu'à où ayant rencontré le sieur                                    , il m'a dit connaître ce chasseur qui est le sieur            (mettre les nom, prénoms, profession et demeure).

Ce renseignement me suffisant de la part du déclarant qui, au besoin, pourra être entendu comme témoin, je suis revenu en mon domicile où j'ai dressé le présent procès-verbal.

Avant de le clore, j'ajoute que le sieur           , chasseur contrevenant, traversait avec son chien des champs couverts de récoltes et se frayait un passage, sans s'inquiéter du dommage qu'il causait aux grains qui sont en épis.

Après quoi, j'ai clos et signé le présent, le même jour, à           heures du           .

## [ MODÈLE Nᵉ XXII. ]

*Traques pour la destruction des loups.* (*)

....................................

ayant reçu de M. le Maire la liste des habitans requis, en vertu de la loi, pour concourir à une traque ou battue générale, et m'étant rendu, à        heures du matin, à             , lieu fixé pour le rassemblement des chasseurs et des traqueurs, ai remarqué que plusieurs des habitans inscrits sur ma liste n'étaient pas présens au rendez-vous. Dans le courant de la journée, j'ai remarqué également 1° que d'autres s'étaient retirés avant que l'opération fût terminée; 2° que d'autres avaient contrevenu aux indications qui leur avaient été données par M.             , officier de louveterie (ou bien chef de traque, nommé par le Sous-Préfet de l'arrondissement d         ). Ces faits étant des contraventions prévues par le n° 12 de l'art. 475

(*) V. pages 94 et suivantes.

du Code pénal, (*) j'ai jugé nécessaire de les constater, et en effet, étant de retour en mon domicile, j'ai dressé le présent procès-verbal, 1° contre les sieurs (indiquer les noms, prénoms, professions, etc.), lesquels, dûment requis par ordre de M. le Maire, pour concourir, comme traqueurs, à la battue générale des bois d , ne se sont pas présentés au lieu du rassemblement, n'ont pas paru à l'opération et n'ont fait valoir aucune excuse valable; 2° contre les sieurs , qui se sont retirés du poste où ils avaient été placés et ont rendu imparfaite l'enceinte formée par le chef de traque et par

(*) « Seront punis d'une amende de six francs à dix francs inclusivement........

12° « Ceux qui, le pouvant, auront négligé ou refusé de faire les travaux, le service, ou de prêter le secours dont ils auront été requis dans les circonstances d'accidens, tumultes, naufrages, inondation, incendie ou autres calamités; ainsi que dans les cas de brigandages, pillages, flagrant délit, clameur publique, ou d'exécution judiciaire. » (Code pénal.—Arrêt du Conseil, du 25 janvier 1697. —Arrêt de la Cour de cassation, du 13 juillet 1810.)

les piqueurs; 3° contre le sieur
qui, pendant la formation d'une enceinte,
a tiré sur un lièvre, malgré la défense
expresse qui en avait été faite.

Et au moment de clore le présent, j'ai
appris 1° que le sieur                , mentionné
pour ne s'être pas présenté à la traque,
était malade et n'avait pu s'y rendre; 2°
que le sieur                , également mentionné, avait été appelé en témoignage à
l'audience du tribunal d                .

De quoi j'ai dressé le présent procès-
verbal, qui a été clos et signé le                ,
à        heures du                .

[ MODÈLE N° XXIII. ]

*Porcherie établie dans l'intérieur d'un village. (*)*

Cejourd'hui, etc.
sur la plainte qui a été portée par plusieurs habitans à M.                  , maire de la commune, et d'après l'ordre de ce dernier, me suis rendu, à          heures du (matin ou soir), dans la rue de                  , pour constater si en effet le sieur
a formé chez lui un établissement à odeur incommode ou insalubre, sans avoir d'autorisation et contrairement au décret du 15 octobre 1810, et à l'ordonnance du 14 janvier 1815.

Parvenu près du domicile du sieur            , je l'ai rencontré et lui ai fait part de la plainte portée contre lui, ainsi que de l'ordre que j'avais reçu; je l'ai requis de me dire si le fait qui lui est reproché existe, en lui annonçant que si c'est une porcherie, les établissemens de ce genre sont placés

(*) V. page 108.

par les réglemens dans la première classe de ceux à odeur insalubre ou incommode, lesquels ne peuvent être placés dans le voisinage des habitations particulières, et pour la création desquels il faut une autorisation du Roi, accordée en Conseil-d'état.

Le sieur                a répondu que, pour consommer ses denrées, il a construit dans la cour, derrière son habitation, une baraque pour cent porcs qu'il met à l'engrais; que cela ne durera que six mois ou huit mois au plus; qu'il prend toutes les précautions nécessaires pour empêcher que ses voisins ne souffrent de la mauvaise odeur; que la plainte n'est nullement fondée et qu'elle est la suite d'une animosité particulière.

N'étant pas accompagné de la manière prescrite par le Code d'instruction criminelle, pour m'introduire chez le sieur                , et visiter sa porcherie, j'allais me retirer pour dresser un rapport de ses aveux, lorsqu'il m'a proposé d'entrer; ce que j'ai accepté. Parvenu dans une cour bornée d'un côté par la maison, et du côté opposé par

une grange et un hangard, des deux autres par les murs des maisons et jardins
des sieurs          et          , j'ai vu un
bâtiment en planches, long de 22 mètres
et large de 6, que le sieur
nous a déclaré servir aux porcs qu'il fait
engraisser. Cette cour est infectée par cette
porcherie, et d'ailleurs un tas de fumier
déposé dans un coin, près du mur voisin
du sieur               , augmente encore la
mauvaise odeur. J'ai alors déclaré au sieur
               que j'allais dresser un rap-
port de la situation des choses, et que je
le remettrais dans la journée à M. le Maire.

Etant sorti de cette maison, le sieur
          , voisin, m'a invité à entrer
chez lui; parvenu dans sa cour et dans
son jardin, j'ai senti la mauvaise odeur
provenant de la porcherie. Le sieur
m'ayant fait monter au premier étage de
sa maison, j'ai reconnu que l'odeur péné-
trait dans plusieurs chambres. Le sieur
               m'a requis de constater cette
circonstance dans mon procès-verbal.

De tout quoi j'ai dressé le présent, de

retour en mon domicile, et le sieur
l'a signé avec moi, après lecture, ledit jour,
à       heures du                .

## [MODÈLE N° XXIV.]

### *Usurpation de chemin communal.* (*)

. . . . . . . . . . . . . . . . . . . . . . . . . . . . . . . . . . . . . .

faisant ma tournée ordinaire, me suis aperçu que l'on avait anticipé sur le chemin communal qui conduit de

à                              , d'au moins 4 raies de champ, dans toute la longueur de la propriété du sieur                    , c'est-à-dire sur une longueur de 193 mètres. Ayant aperçu ce propriétaire dans un autre champ, j'ai été à lui et l'ai invité à se rendre sur le chemin anticipé; déférant à ma demande, il m'a répondu que le terrain qu'il a acquis devait contenir trois arpens, mesure de                    c'est-à-dire,        hectares        ares; qu'il prouverait qu'il n'avait pas davantage; que le chemin s'était successivement élargi à ses dépens et qu'il avait repris son bien. Cette conduite nous paraissant répréhensible, je lui ai déclaré que je dresserais procès-verbal de cette usurpation, attendu que rien ne

(*) V. page 117.

justifiait la vérité de ce qu'il annonce, et qu'il ne pouvait se rendre justice à lui-même.

J'ai ensuite constaté que tout le long de la propriété dudit sieur            , le chemin n'a maintenant que 5 mètres 50 centimètres, et que plus loin, entre deux bornes, il a six mètres soixante centimètres.

De tout quoi j'ai fait le présent, et l'ai clos et signé ledit jour.

## [ MODÈLE Nᵒ XXV. ]

### *Sentier public usurpé.*

........................................................

d'après l'ordre qui m'en a été donné par M.         ; Maire de cette commune, me suis rendu dans les portions communales, près du chemin du moulin, à l'effet d'y reconnaître la suppression d'un sentier public (*) qui passe entre le champ de la veuve        et le clos du moulin, et qui sert de communication pour aller à pied de       à       ; j'ai vu qu'en effet on venait de labourer et de semer le terrain occupé habituellement par le sentier, jusqu'au clos du moulin, sans laisser aucun espace, et qu'aux deux issues du sentier, on avait planté une haie sèche avec traverse et liens, pour intercepter le passage.

(*) Les contestations relatives aux sentiers sont de la compétence des Tribunaux; la législation des chemins communaux ne leur est pas applicable. (Art. 40, titre 2 de la loi du 6 octobre 1791.—Décret du 3 janvier 1813.—Arrêt de la Cour de cassation, du 20 août 1828.)

D'après les renseignemens pris sur les lieux, cette suppression de sentier vient du fait de la veuve                     et de ses fils, qui y ont travaillé nuitamment. Les témoins de cette suppression sont les sieurs                     , qui m'ont déclaré être prêts à en déposer en justice.

Et comme cette interception du passage est nuisible, M. le Maire m'a ordonné, par écrit, d'enlever la haie sèche aux deux issues du sentier; ce que j'ai fait avec l'aide de plusieurs habitans dont j'ai requis l'assistance.

J'ai mesuré la longueur du sentier usurpé, et j'ai reconnu qu'elle était de soixante-trois mètres; sa largeur est d'un mètre.

M'étant rendu au domicile de la dame                     , veuve                     , je lui ai déclaré, parlant à sa personne, que j'allais dresser un procès-verbal contre elle, à cause de la suppression du sentier désigné ci-dessus; elle m'a répondu que ce sentier était une servitude à laquelle elle n'était pas obligée; qu'elle justifierait devant les tribunaux de son droit de propriété, et qu'en outre elle porterait plainte devant M. le Sous-Préfet, contre le Maire, à cause de l'enlèvement de la haie, attendu que cette voie de fait excède le pouvoir de l'autorité municipale : elle m'a requis de consigner cette réponse dans mon procès-verbal.

M'étant retiré à mon domicile, j'ai rédigé le présent, qui a été clos et signé le lendemain, à     heures du (matin ou soir).

## [MODÈLE N° XXVI.]

*Arbres cassés sur un chemin communal. — Contravention d'un voiturier qui ne se tient pas à portée de ses chevaux (*).*

Cejourd'hui         , à       heures du (matin ou soir), nous soussignés (les noms et prénoms des deux Gardes (**), tous deux Gardes-champêtres de la mairie d    , commissionnés, assermentés et pourvus de nos plaques, étant en tournée ordinaire, avons été prévenus par plusieurs personnes travaillant dans les champs, qu'une voiture à vide, attelée de quatre chevaux, parcourant au galop le chemin communal nommé le      , avait cassé plusieurs jeunes arbres plantés sur ce chemin par les soins de M. le Maire.

Ayant coupé au court en suivant plusieurs sentiers, nous avons atteint cette voiture sur la route royale de       à       , et avons forcé le voiturier à s'arrêter.

(*) V. pages 117 et 158.
(**) Ce procès-verbal peut être rédigé par un seul Garde-champêtre.

Interpellé de ses nom et prénoms, ce voiturier nous a répondu se nommer            .
Il a répondu à nos autres questions qu'il était au service du sieur                            , propriétaire à                    ; qu'il venait de conduire une charge de            à            , et qu'il retournait à vide chez son maître; que ses chevaux se sont emportés et qu'il n'a pas pu les retenir; qu'il croit ne pas être responsable du dommage qu'il a fait aux arbres, attendu le cas de force majeure et le danger que lui-même a couru. Plusieurs habitans s'étant alors approchés, nous ont déclaré que l'individu arrêté était resté couché dans sa voiture, au lieu de se tenir constamment à la portée de ses chevaux (*); que, par cette négligence, il n'avait pas été en état de les guider et retenir; ayant demandé à ces particuliers leurs noms et prénoms, ils nous ont dit se nommer
                    , et être tous prêts à signer la déclaration qu'ils venaient de nous faire.


(*) N° 3 de l'art, 475 du Code pénal.

Ayant mis la voiture et les chevaux sous la garde du sieur                     , habitant connu, que nous avons requis à cet effet, nous avons conduit le voiturier délinquant sur le chemin communal, et avons reconnu en sa présence (*), 1° qu'il y a sept jeunes arbres cassés, à 60, 70 et 80 centimètres de terre, tous sept essence de frêne, ayant environ trois mètres de hauteur; 2° que trois autres arbres ont été pliés et écorcés et les tuteurs et épines arrachés.

Nous avons requis le sieur                     , voiturier, de nous suivre pour être présent à la rédaction du procès-verbal, en recevoir lecture et le signer, en ajoutant que nous allions mettre ses chevaux en fourrière, jusqu'à ce qu'il ait été prononcé sur le contenu de ce procès-verbal; sur quoi le voiturier nous a priés de le laisser partir avec sa voiture et ses chevaux, offrant de nous amener une personne connue qui servirait de répondant.

(*) Articles 445 et suivans du Code pénal. Ils remplacent l'article 43, titre 2 de la loi du 6 octobre 1791.

Nous étant rendus au greffe de la mairie, accompagnés des sieurs (les trois individus qui ont donné des renseignemens), nous avons procédé à la rédaction du présent, assistés de ces trois particuliers qui ont signé avec nous, après lecture faite, les jour, mois et an avant dits, à heures du (matin ou soir).

Et à                heures du                , s'est présenté le sieur                , voiturier, accompagné du sieur                , propriétaire domicilié à                , à nous connu, lequel propriétaire a demandé main-levée de la saisie des chevaux et de la voiture, se rendant garant envers qui de droit de tous dommages-intérêts, amendes et frais. La garantie du comparant nous ayant paru suffisante, nous avons à l'instant même donné la main-levée demandée.

Et ledit sieur                a signé avec nous le présent acte, après lecture faite. Le voiturier, requis également de signer, nous a déclaré ne savoir ni lire ni écrire.

Fait et clos ledit jour, à heures du (matin ou soir).

## [MODÈLE N° XXVII.]
### *Délit de grande voirie.* (*)

. . . . . . . . . . . . . . . . . . . . . . . . . . . .

étant sur la route royale (ou départementale) n°         , de                    à                    , près de l'embranchement du chemin communal qui conduit à                    , ai remarqué que l'on avait creusé sur cette route et enlevé du sable; qu'il en résultait une dégradation remarquable; après avoir pris les informations et renseignemens nécessaires, j'ai appris que cet enlèvement est du fait du sieur                    , domicilié à

Ayant procédé sur le champ aux mesurage et estimation du travail à faire pour faire diparaître cette dégradation, j'ai trouvé que l'enlèvement s'étendait sur une longueur de 18 mètres, sur une largeur de 2 mètres et sur une profondeur de 25 centimètres; en conséquence, il faudrait une fourniture de 9 mètres cubes de gravier pour tout réparer.

(*) V. page 120.

M'étant rendu chez le délinquant, il m'est convenu avoir enlevé du sable sur la route pour l'employer à un bâtiment qu'il fait élever, mais en disant qu'il n'avait pas cru commettre un délit, attendu que le gravier était réduit en poussière et ne faisait que de la boue sur la route, en temps de pluie ; malgré cette réponse, et conformément au titre 9 du décret du 16 décembre 1811, j'ai dressé le présent procès-verbal qui sera transmis à M. le Sous-Préfet, pour ordonner la réparation du dommage, sans préjudice de l'amende encourue par le délinquant et qui sera prononcée par le conseil de Préfecture.

Clos à             , le même jour, à       heures du         , et ai signé.


Vu et affirmé par serment, conformément à l'article 110 du décret du 16 décembre 1811, devant nous Maire ( ou Adjoint ) de           , par ledit         , garde champêtre, qui a signé avec nous, après lecture faite, les mêmes jour, mois et an.

## [MODÈLE N° XXVIII.]

### *Police du roulage.* (*)

Le                                        mil huit
cent                      , nous
Garde-champêtre, etc., étant ( indiquer
clairement et distinctement le lieu) avons
vu venir à nous une voiture à quatre roues,
attelée de quatre chevaux, (**) laquelle était
montée sur des roues à jantes étroites, contrairement à la loi du 27 février 1804 et
au décret du 23 juin 1806 : m'étant approché du conducteur de cette voiture,
et l'ayant requis d'arrêter ses chevaux, j'ai
reconnu sur la plaque (***) clouée en avant

(*) V. page 122.

(**) Toute voiture attelée d'un seul cheval peut
conserver des roues à jantes étroites.

(***) « Tout propriétaire de voitures de roulage
sera tenu de faire peindre sur une plaque de métal,
en caractères apparens, son nom et son domicile :
cette plaque sera clouée en avant de la roue et au
côté gauche de la voiture ; et ce, à peine de
vingt-cinq francs d'amende : l'amende sera double

de la voiture, le nom du sieur             , domicilié à                           ,
département d

J'ai alors déclaré audit conducteur qu'il y avait contravention aux lois et réglemens sur la largeur des jantes des roues, et que j'allais en dresser procès-verbal : alors, ce conducteur m'a répondu : ( insérer les moyens de défense); à quoi nous devons observer ( discuter les moyens de défense du délinquant, afin de ne rien laisser à désirer sur leur degré de validité).

En conséquence, avons dressé le présent procès-verbal, à l'effet de faire prononcer sur cette contravention, conformément aux lois et réglemens.

Fait, clos et signé ledit jour, à             heures du             , pour être remis à M. le Maire. (*)

si la plaque portait, soit un nom, soit un domicile faux ou supposé. » (Article 34 du décret du 23 juin 1806. )

(*) « Toutes contraventions au réglement du 23 juin 1806, concernant le poids des voitures et la police du roulage, doivent être dénoncées

## Observations.

1° Le minimum de la largeur des jantes de voitures de roulage est fixé par l'article 2 de la loi du 27 février 1804, à 11 centimètres (environ 4 pouces 1 ligne). Toute voiture de roulage dont les jantes n'ont pas cette dimension est par conséquent en contravention, quelque soit son chargement.

2° La loi du 27 février 1804 exempte de l'obligation d'être montées sur des roues à larges jantes les voitures employées à la culture des terres, au transport des récoltes et à l'exploitation des fermes.

Par *voitures employées au transport des récoltes*, on ne doit pas entendre celles

aux Maires, lesquels rendront sans frais et sans formalités, une décision provisoirement exécutoire, et feront, s'il y a lieu, consigner l'amende encourue. » (Art. 1<sup>er</sup> de l'Ordonnance du 22 novembre 1820.)

« Il sera statué ultérieurement sur toutes les contraventions par le Conseil de préfecture du département, soit que les contrevenans exercent ou n'exercent pas leur recours. (Article 2 de la même Ordonnance.)

qui transportent les grains, les farines, les bois, les fourrages, les fumiers, du lieu de l'exploitation à la ville ou aux marchés, ou de la ville au lieu de l'exploitation. Le décret interprétatif du 3 mai 1810 porte qu'en exemptant de l'obligation des roues à jantes larges les voitures employées au transport des récoltes, la loi du 27 février 1804 et le décret du 23 juin 1806 n'ont eu en vue que les voitures employées à transporter les objets récoltés, depuis le lieu où ils sont recueillis jusqu'à celui où, pour les conserver, le cultivateur les dépose et rassemble.

3° D'après l'article 26 du décret du 23 juin 1806, les voitures employées pour le service militaire ne sont pas assujéties aux dispositions de ce décret.

Il n'en est pas de même pour les voitures employées par les entrepreneurs des transports militaires; elles sont soumises, comme les voitures de roulage, à ce qui est prescrit pour la largeur des jantes, la fixation du chargement, la longueur des essieux, la forme des clous des bandes, etc.

4° En matière de contravention à la

loi sur la largeur des jantes des voitures de roulage, l'amende est de cinquante francs à titre de dommages : la moitié de cette somme appartient au saisissant, c'est-à-dire, à l'Agent rédacteur du procès-verbal. (Art. 3 de la loi du 27 février 1804.)

Les contraventions relatives au poids des voitures pour excès de chargement sont progressives, depuis 25 francs jusqu'à 300 ; les Gardes-champêtres sont étrangers à ce genre de contravention ; elles ne peuvent être constatées que par les préposés des ponts à bascules.

Les contraventions à la longueur des essieux (*) sont punies d'une amende de quinze

(*) « La longueur des essieux de toute espèce « de voitures, même de culture et de labourage, « ne pourra jamais excéder 2 mètres 50 centimètres « entre les deux extrémités, et chaque bout ne « pourra saillir au-delà des moyeux de plus de « 6 centimètres. » (Art. 16 du décret du 23 juin 1806.)

Une ordonnance du roi, en date du 29 octobre 1828, contient les dispositions suivantes :

Art. 1er. « Dix-huit mois après la publication « de la présente ordonnance, aucune charrette,

francs, conformément au réglement du 4 mai 1624. ( Art. 28 du décret du 23 juin 1806.)

Les contraventions sur le fait des clous des bandes (*) sont punies d'une semblable

« voiture de roulage ou autre, ne pourra circuler,
« dans toute l'étendue de notre royaume, qu'avec
« des moyeux dont la saillie, en y comprenant
« celle de l'essieu, n'excédera pas de douze cen-
« timètres un plan passant par la face extérieure
« des jantes.

Art. 2. « Toute charrette ou voiture trouvée
« en contravention, après l'époque ci-dessus dé-
« terminée, sera arrêtée et retenue, et elle ne
« pourra être remise en circulation qu'après que
« les moyeux et l'essieu auront été réduits à la
« longueur prescrite par l'article 1$^{er}$,

Art. 3. « Les contraventions seront, en outre,
« exactement constatées par des procès-verbaux,
« et poursuivies comme les autres contraventions
« en matière de roulage, sans préjudice des peines
« plus graves, dans les cas d'accidens prévus
« par les lois. »

(*) « Les défenses d'employer des clous à tête
« de diamant sont renouvelées : tout clou de
« bande sera rivé à plat et ne pourra, lorsqu'il
« aura été posé à neuf, former une saillie de
« plus d'un centimètre. » ( Art. 18 du décret du
23 juin 1806. )

amende, conformément à l'article 7 de l'arrêt du Conseil-d'État du Roi, du 28 décembre 1783. ( Art. 29 du même décret. )

5° Il appartient un quart des amendes indiquées dans le décret du 23 juin 1806, à l'Agent qui a constaté une contravention et qui a affirmé et déposé son procès-verbal. ( Art. 32 de ce décret. )

## [MODÈLE N° XXIX.]

*Terrain fouillé pour extraire des matériaux destinés à la réparation et à l'entretien des routes.* (*)

. . . . . . . . . . . . . . . . . . . . . . . . . . . . . . . . . . . . . . . . .

sur la plainte qui a été portée à M.
Maire de cette commune, par le sieur
, de ce que des manœuvres font
des excavations dans un champ à lui appartenant; d'après l'ordre qui m'a été donné
verbalement par M. le Maire, me suis rendu,
conduit par le plaignant, au lieu dit
, où j'ai aperçu douze ouvriers, travaillant avec des pioches et des pelles, pour
faire une tranchée dans le champ alors découvert; ayant demandé à l'un de ces ouvriers s'ils avaient un chef et par l'ordre
de qui ils se permettaient de faire cette
tranchée, l'un d'eux s'est avancé vers moi
et m'a répondu qu'ils travaillaient d'après
les ordres du sieur                       , entrepreneur des travaux de la route royale

(*) V. page 120.

de            ᵉ classe, n°         , de
à                        ; que ces travaux avaient
pour but d'extraire des pierres (ou du sable,
ou du gravier) destinées à la réparation de
cette route ; que le propriétaire ne devait
avoir nulle crainte, et que le sieur
     , entrepreneur, leur avait dit, en les en-
voyant dans ce champ, qu'il paierait toute
indemnité, (*) réglée soit de gré à gré,
soit à dire d'experts : à quoi le sieur
     , plaignant, a répliqué qu'une pareille
assurance ne lui suffisait pas; qu'il n'avait
pas vu l'entrepreneur et qu'il nous requérait
de constater le fait et d'indiquer dans un
procès-verbal, avec détail, le dommage qu'il
éprouve, se réservant de se pourvoir (**)

(*) Articles 55 et suivans de la loi du 16 septembre 1807.

(**) D'après l'art. 4 de la loi du 17 février 1800,
le Conseil de préfecture doit statuer sur les demandes et contestations concernant les indemnités
dues aux particuliers, à raison de terrains occupés
ou fouillés pour la confection des chemins et
autres ouvrages publics, lorsque ces terrains ont
été indiqués par les devis approuvés par l'Autorité

devant le Conseil de préfecture, conformément aux lois : à quoi déférant, en présence du plaignant, du chef-ouvrier qui m'a dit se nommer                    , et être domicilié à                    , et des autres manœuvres, j'ai mesuré l'étendue de l'excavation et ai constaté qu'elle avait 14 mètres de longueur et 3 mètres de largeur, sur une profondeur inégale, tantôt d'un mètre, tantôt de 60 centimètres ou environ; que le jet des terres, le long de cette tranchée, couvre une longueur de 16 mètres sur une largeur de 2 mètres 50 centimètres à 4 mètres. Le plaignant nous a ensuite fait observer que les terres provenant de l'excavation ont, dans une partie, comblé un fossé qui sépare sa propriété de celle du sieur                    : ce que j'ai constaté.

administrative ; mais ces contestations sont du ressort des Tribunaux, lorsque l'adjudicataire des travaux des routes s'est permis d'envahir des terrains non désignés par les ingénieurs des ponts et chaussées. Ces actes constituent envers les parties lésées, une voie de fait dont la connaissance appartient aux Tribunaux. ( Ordonnances du 29 septembre 1827 et du 30 octobre 1828. )

J'ai alors requis le sieur                    ,
plaignant, de se rendre en mon domicile
(ou bien à la maison commune), pour assister à la rédaction du procès-verbal et
pour le signer; à quoi il a consenti: pareille
invitation ayant été faite au sieur        ,
chef-ouvrier, il a déclaré que cela était inutile, et qu'il préférait se rendre sur-le-
champ près du sieur              , pour
le prévenir.

J'ai alors enjoint audit sieur
et aux autres ouvriers, de se retirer immédiatement du champ du sieur              ;
ce qu'ils ont fait sans résistance, emportant
leurs outils.

De retour en mon domicile, j'ai rédigé
le présent procès-verbal, que le sieur
        , plaignant, a signé avec moi, après
lecture faite, le même jour, à
heures (après ou avant) midi. Le présent
destiné à être transmis par M. le Maire
à M. le Sous-Préfet de l'arrondissement, et
à être jugé par le Conseil de préfecture.

## [ MODÈLE N° XXX. ]

### *Barrage dans un ruisseau.* (*)

. . . . . . . . . . . . . . . . . . . . . . . . . . . . . . . .

en suivant la prairie le long du ruisseau venant de          , me suis aperçu qu'il a été fait un barrage, avec des madriers et des pieux, à travers le lit de ce ruisseau et dans toute sa largeur; que ce barrage est fixé d'un côté sur la propriété du sieur          , et de l'autre côté sur celle du sieur          ; il m'a paru que ce barrage élevait les eaux du ruisseau et causait du dommage aux terrains labourés sur la rive droite. De retour à mon domicile, le sieur          , propriétaire d'un terrain de la rive droite, nous a porté plainte de ce que ce barrage avait été construit, il y a dix jours, par le sieur          , et dans son intérêt privé, pour arroser son pré; ce qui portait préjudice (**) aux autres natures de culture,

(*) V. page 128.

(**) Art. 15, 2ᵉ section du titre 7 de la loi du 6 octobre 1791. — Art. 457 du Code pénal.

et élevait l'eau du ruisseau, au-dessus du barrage, d'environ trente centimètres.

Le plaignant m'a en outre fait observer que le sieur            n'avait pas de droit au cours entier du ruisseau, et qu'il avait commis une voie de fait intolérable, non-seulement en construisant le barrage, mais en l'appuyant à la rive droite sur une propriété qui n'est pas la sienne. Le plaignant me requérant de constater l'existence du barrage tel que je l'ai vu, et de recevoir sa déclaration, j'ai dressé et clos le présent procès-verbal, que je l'ai invité à signer avec moi; ce qu'il a fait, à cinq heures du soir, après lecture faite.


Et à six heures du soir, même jour, s'est présentée la dame veuve            , domiciliée à            , laquelle m'a déclaré qu'étant informée de la plainte du sieur            , à cause du préjudice que lui porte le barrage, elle venait, pour la même cause, faire une semblable déclaration, attendu que la sur-élévation de

l'eau du ruisseau nuit à un champ qui lui appartient sur la rive droite, et qui est planté en betteraves ; lui ayant donné lecture du procès-verbal, elle a déclaré y adhérer pleinement, et nous a requis de constater cette adhésion : ce que j'ai fait aussitôt. Invitée à signer avec nous, après lecture faite, ladite dame veuve
nous a dit ne savoir écrire ni signer.

Fait et clos ledit jour, à sept heures du soir.

## [MODÈLE N° XXXI.]

### *Dommages causés par les eaux d'un moulin.* (*)

. . . . . . . . . . . . . . . . . . . . . . . . . . . . . . . . .

sur la plainte qui m'a été portée (de vive voix ou par écrit) par les sieurs                     , domiciliés à                 , propriétaires de prés, le long du ruisseau nommé                     , de ce que le meunier du moulin d'en bas ne levait pas en temps d'orage les vannes de son usine, quoiqu'il y soit obligé : lesdits plaignans ont ajouté qu'il en résulte des inondations dans leurs prés; qu'aujourd'hui encore, les eaux du ruisseau ayant grossi subitement et n'ayant pas eu un écoulement assez rapide, puisque les vantilleries du moulin étaient baissées, ont reflué dans les prés sur les deux rives, et ont entraîné des foins coupés la veille; ils m'ont requis de visiter à l'instant les lieux. M'étant rendu au moulin, je me suis aperçu qu'en effet les deux vannes étaient baissées, et que l'eau passait par dessus; ayant appelé le sieur

(*) Voyez page 127.

, meunier, je l'ai requis de faire lever ses vannes : ce qu'il a fait aussitôt. Les plaignans ayant demandé une reconnaissance de leurs prés, j'ai invité le meunier à m'accompagner; ce qu'il a refusé, en disant que s'il y avait du dommage, il le paierait conformément à la loi; ayant ensuite visité les prés, j'ai reconnu que, dans la partie inférieure, appartenant au sieur          , il y avait encore 25 centimètres d'eau; que des tas de foin avaient été entraînés, etc. (Suivre de propriété en propriété le dommage; l'indiquer avec détail et évaluer les quantités.)

Cette visite terminée, je suis retourné au moulin et j'ai averti le meunier que j'allais dresser un procès-verbal, non seulement pour constater le dommage (*), dont

(*) « Tout fait quelconque de l'homme, qui « cause à autrui un dommage, oblige celui par « la faute duquel il est arrivé, à le réparer. » ( Art. 1382 du Code civil. )

« Chacun est responsable du dommage qu'il « a causé, non seulement par son fait, mais encore « par sa négligence ou par son imprudence. » (Art. 1383 du même Code).

il doit indemniser les propriétaires, mais
encore pour constater la contravention qu'il
a commise, en ne levant pas ses vannes
dès le commencement de l'orage : à quoi
il a répondu que

De tout quoi j'ai dressé le présent procès-
verbal, que les sieurs                    , plaignans, ont signé avec moi, après lecture
faite, ledit jour, à          heures du          .

« Personne ne pourra inonder l'héritage de
« son voisin, ni lui transmettre volontairement
« les eaux d'une manière nuisible, sous peine de
« payer le dommage et une amende qui ne pourra
« excéder la somme du dédommagement. » ( Art.
15 du titre 2 de la loi du 6 octobre 1791. )

« Les propriétaires ou fermiers des moulins et
« usines construits ou à construire, seront garans
« de tous dommages que les eaux pourraient
« causer aux chemins ou aux propriétés voisines,
« par la trop grande élévation du déversoir, ou
« autrement. Ils seront forcés de tenir les eaux
« à une hauteur qui ne nuise à personne et qui sera
« fixée par le directoire du département (le Préfet),
« d'après l'avis du directoire du district ( le Sous-
« Préfet). En cas de contravention, la peine sera
« une amende qui ne pourra excéder la somme
« du dédommagement. » ( Art. 16 de la même loi. )

*

## [MODÈLE N° XXXII.]

*Bacs et bateaux. — Excès de chargement. — Mauvais état du bac. — etc.* (*)

. . . . . . . . . . . . . . . . . . . . . . . . . . . . . . . . . . . . .

me trouvant au bord de la rivière d          ,
au point où est établi le bac qui sert de
communication entre le village d
et celui d          , ai remarqué que le
sieur          , batelier-conducteur, avait
fait entrer dans ce bac une voiture à quatre
roues, attelée de quatre chevaux et chargée
de bois; une autre voiture, également à
quatre roues, attelée de trois chevaux,
chargée de sacs de grains, et douze personnes
dont plusieurs portaient des fardeaux.

J'ai reconnu par la difficulté de la marche
du bac et par son enfoncement dans la
rivière, qu'il y avait évidemment excès de
chargement, et j'ai reçu, au moment du
débarquement, les plaintes de plusieurs personnes, et notamment des sieurs
et          , domiciliés à          .

(*) Voyez page 131.

Ces particuliers m'ont déclaré qu'en traversant la rivière, il y avait eu un véritable danger, et que le bac n'était élevé au-dessus de l'eau que d'environ un décimètre. Le sieur              , batelier, interpellé par moi, m'a déclaré que (insérer sa réponse et ses moyens de défense).

Je lui ai annoncé que j'allais constater, par un rapport à M. le Maire, ce que j'avais moi-même observé, ainsi que la plainte qui m'avait été portée.

J'ai remarqué en outre, 1° que par défaut d'entretien, le bac prenait eau; 2° que le batelier n'avait pour garçons, que deux jeunes gens de 16 ou 17 ans; 3° qu'enfin, le tarif des droits à percevoir n'était pas exposé aux regards du public.

De tout quoi j'ai dressé le présent rapport pour être remis à M. le Maire de              et transmis par lui à M. le Sous-Préfet de l'arrondissement d              , pour y donner telles suites que de droit.

Rédigé et signé à mon retour dans mon domicile, ledit jour, à              heures du (matin ou soir).

# CONCORDANCE

## DES DEUX CALENDRIERS.

L'ordonnance du 17 juillet 1816, art. 2, défend d'employer dans les citations des lois, arrêtés, décrets et autres actes quelconques, les dénominations et expressions non conformes au gouvernement établi par la Charte constitutionnelle; ainsi aucune date, dans le MÉMORIAL DU GARDE-CHAMPÊTRE, ne rappelle le calendrier républicain.

Pour faciliter les recherches, dans le cas où quelqu'un voudrait recourir au *Bulletin des lois*, voici la concordance des dates des lois, arrêtés et décrets cités dans le MÉMORIAL, d'après les deux calendriers :

Loi du 16 octobre 1794 — 24 vendémiaire an 3.

Loi du 8 juillet 1795 — 20 messidor an 3.

Loi du 23 septembre 1795 — 1er vendémiaire an 4.

Loi du 25 octobre 1795 — 3 brumaire an 4.

Code du 26 octobre 1795 — 4 brumaire an 4.

Loi du 16 mars 1796 — 26 ventôse an 4.

Arrêté du 26 août 1796 — 9 fructidor an 4.

Loi du 9 juin 1797 — 21 prairial an 5.

Arrêté du 15 juillet 1797 — 27 messidor an 5.

Arrêté du Ministre de l'intérieur, du 26 août 1797 — 9 fructidor an 5.

Loi du 30 août 1797 — 13 fructidor an 5.

Loi du 14 novembre 1797 — 24 brumaire an 6.

Arrêté du 9 mars 1798 — 19 ventôse an 6.

Loi du 17 avril 1798 — 28 germinal an 6.

Loi du 8 août 1798 — 21 thermidor an 6.

Loi du 22 octobre 1798 — 1er brumaire an 7.

Loi du 3 novembre 1798 — 13 brumaire an 7.

Loi du 12 novembre 1798 — 22 brumaire an 7.

Loi du 26 novembre 1798 — 6 frimaire an 7.

Loi du 1er décembre 1798 — 11 frimaire an 7.

Loi du 12 décembre 1798 — 22 frimaire an 7.

Instruction du Ministre de l'intérieur, du 10 mars 1799 — 20 ventôse an 7.

Décision du Ministre des finances, du 15 avril 1799 — 26 germinal an 7.

Loi du 28 avril 1799 — 9 floréal an 7.

Loi du 17 février 1800 — 28 pluviôse an 8.

Loi du 12 mars 1801 — 22 germinal an 9.

Arrêté du 18 juin 1801 — 29 prairial an 9.

Loi du 18 mai 1802 — 28 floréal an 10.

Loi du 19 mai 1802 — 29 floréal an 10.

Arrêt de la Cour de cassation, du 18 novembre 1802 — 27 brumaire an 11.

Loi du 29 avril 1803 — 9 floréal an 11.

Arrêté du 29 octobre 1803 — 6 brumaire an 12.

Loi du 27 février 1804 — 7 ventôse an 12.

Arrêté du 9 mars 1804 — 18 ventôse an 12.

Décret du 12 juin 1804 — 23 prairial an 12.

Loi du 28 février 1805 — 9 ventôse an 13.

Décret du 10 mars 1805 — 19 ventôse an 13.

Décret du 14 juin 1805 — 25 prairial an 13.

Arrêt de la Cour de cassation, du 21 juin 1805 — 2 messidor an 13.

Décret du 1er novembre 1805 — 10 brumaire an 14.

# CONVERSION

### DES ANCIENNES MESURES EN NOUVELLES.

La loi du 23 septembre 1795 enjoint d'exprimer en mesures métriques toutes les quantités énoncées dans les actes publics; le décret du 12 février 1812 reproduit cette injonction. Les Gardes-champêtres doivent donc s'abstenir avec le plus grand soin de faire usage, dans leurs procès-verbaux et rapports, des anciennes dénominations de mesures agraires et de mesures de longueur, telles que *jour, arpent, perche*, etc., *toise, pied*, etc.

Pour se conformer à cette disposition, il est essentiel qu'ils connaissent le rapport des anciennes mesures aux mesures métriques. Tel est l'objet des tableaux ci-après.

## Conversion des pieds en mètres.

(Les décimales expriment des millimètres ; en les prenant une à une, la première représente des décimètres, la seconde des centimètres, et la troisième des millimètres.)

| Pieds. | Mètres. | Pieds. | Mètres. |
|---|---|---|---|
| 1 | 0,325 | 11 | 3,573 |
| 2 | 0,650 | 12 | 3,898 |
| 3 | 0,975 | 15 | 4,873 |
| 4 | 1,299 | 20 | 6,497 |
| 5 | 1,624 | 30 | 9,745 |
| 6 | 1,949 | 50 | 16,242 |
| 7 | 2,274 | 100 | 32,484 |
| 8 | 2,599 | 300 | 97,452 |
| 9 | 2,924 | 1000 | 324,839 |
| 10 | 3,248 | | |

## Conversion des toises en mètres.

| Toises. | Mètres. | Toises. | Mètres. |
|---|---|---|---|
| 1 | 1,949 | 6 | 11,694 |
| 2 | 3,898 | 7 | 13,643 |
| 3 | 5,847 | 8 | 15,592 |
| 4 | 7,796 | 9 | 17,541 |
| 5 | 9,745 | 10 | 19,590 |

## Conversion des arpens et perches d'ordonnance en hectares, ares et centiares.

(L'arpent d'ordonnance, ou des eaux et forêts, était composé de 100 perches carrées, de 22 pied de côté.)

| Perches. | ares. centiares. | Perches. | ares. centiares. |
|---|---|---|---|
| 1 | »,51 | 11 | 5,61 |
| 2 | 1,02 | 12 | 6,12 |
| 3 | 1,53 | 15 | 7,56 |
| 4 | 2,04 | 20 | 10,21 |
| 5 | 2,55 | 30 | 15,32 |
| 6 | 3,06 | 40 | 20,42 |
| 7 | 3,57 | 50 | 25,53 |
| 8 | 4,08 | 60 | 30,64 |
| 9 | 4,59 | 90 | 45,96 |
| 10 | 5,10 | | |

| Arpens. | hect. ares. cent. | Arpens. | hect. ares. cent. |
|---|---|---|---|
| 1 | »,51,07 | 10 | 5,10,72 |
| 2 | 1,02,14 | 15 | 7,66,08 |
| 3 | 1,53,22 | 20 | 10,21,44 |
| 4 | 2,04,29 | 50 | 25,53,60 |
| 5 | 2,55,36 | | |

# Punition

# d'un Garde=champêtre,

## pour corruption.

Cour d'Assises du département de la Vendée.

Audience du 28 avril 1828.

Le nommé Moreau, Garde-champêtre depuis un grand nombre d'années, à Luçon, chef-lieu de canton du département de la Vendée, était dans l'usage coupable de se faire payer une gratification de 1 fr. 50 cent. pour chaque reprise de contrevenant.

En outre, de son autorité privée, il assoupissait les affaires en s'abstenant de constater, par des rapports ou procès-verbaux, les délits ou contraventions, et en usant de la permission, tout-à-fait illégale, qu'un arrêté du Maire de Luçon lui avait accordée, de recevoir une rétribution des parties contrevenantes.

Cette permission n'a pas mis le Garde-champêtre, concussionnaire, à l'abri des l'action des lois pénales. Moreau a été traduit en justice et placé sur le banc des criminels.

Quatre-vingts témoins ont été entendus par le Juge d'instruction de l'arrondissement de Fontenay; cinquante-deux témoins ont été cités devant la Cour d'assises. En général, ces témoins ont confirmé les faits reprochés à Moreau dans l'acte d'accusation. Plusieurs d'entre eux ont même attesté que ce Garde, non content d'extorquer une rétribution frauduleuse, en cas de reprise, exigeait quelquefois un salaire, encore qu'il n'y eût ni délit ni contravention.

Ces faits si graves, si multipliés, ont donné lieu à trente-une questions soumises à la décision du Jury.

C'est en vain que Moreau a prétendu, dans sa défense, que dans les perceptions qu'il avait faites, il n'y avait eu de sa part ni concussion ni corruption.

C'est en vain qu'il s'est appuyé sur l'autorisation du Maire de Luçon, et qu'il a excipé de sa bonne foi.

La Cour d'Assises, sur la déclaration affirmative du Jury, à l'égard des questions relatives à la corruption, a condamné le Garde-champêtre Moreau à l'exposition au carcan pendant une heure, et à 200 francs d'amende, en vertu de l'article 177 du Code pénal.

# TABLE
## ANALYTIQUE ET TRÈS-DÉTAILLÉE
# DES MATIÈRES.

### A.


Acquit-à-caution pour la circulation des tabacs, p. 58.

Adjoints municipaux. — *Voyez* Maires.

Adjudications de chasse dans les bois communaux, 87.

Afficheurs, 172.

Affirmation des procès-verbaux, 36 et suiv., 84, 121, 135, 252; — non exigée pour les actes des Appariteurs, en quel cas, 165.

Age exigé par la loi pour être Garde-champêtre, 5; — pour être Garde particulier, 173; — pour être postillon, 126; — pour les bateliers des bacs et bateaux, 132, 261.

Agens forestiers, 50.

Agens de la grande voirie (les Gardes-champêtres sont), 31, 121, 251.

Agens de police municipale, 147 et suiv.

Agent de la force publique (un Garde-champêtre est un), 4, 17.

Alignement de la rue militaire dans une place forte, 144.


*

Amende en cas de non-enregistrement d'un acte, 35, 174; — en cas d'écriture sur l'empreinte du timbre du papier, ou d'altération de ce timbre, 175; — en cas d'emploi d'une feuille de papier timbré à plus d'un acte, 175.

Amendes rurales ou correctionnelles, 31 et suiv.

Amendes et confiscations en matière de douanes, 52; — en matière de tabacs, 59 et suiv., 183.

Amendes en matière de grande voirie, 31, 121, 251; — de police du roulage, 122, 257; — de délits à l'égard des chaussées du Rhône, 129; en cas de contravention à la police des cours d'eau, 259.

Animaux malfaisans ou féroces (divagation des), 159, 162, 164. — *Modèle*, 225.

Animaux nuisibles, 93 et suiv.

Animaux trouvés en délit ( mise en fourrière d'), 70, 179, 202, 249.

Annulation d'actes rédigés avant la prestation de serment, 8; — quand ils ne contiennent pas les formes prescrites, 11.

Anticipations sur les routes, délit de grande voirie, 120; — sur les chemins communaux, 242.

Appariteurs de police, 4, 17, 147 à 171, 178.

Appats empoisonnés, pour la destruction des loups, 95 et suiv.

Approbation de renvois ou de ratures dans un procès-verbal, 181.

Arbres et haies à écheniller, 18, 73, 154; — plantés

sur le terrain appartenant à la voie publique, 117; — bordant les grandes routes, 120.

Arbres cassés sur un chemin communal. *Modèle*, 247.

Armes accordées aux Gardes-champêtres, 9; —aux Gardes-forestiers, 88.

Armes prohibées, 91.

Armes saisies sur un prévenu, 43.

Armes employées sans précaution, ou avec maladresse, 162, 164.

Arpentage parcellaire, 63.

Arrestation de déserteurs, réfractaires, etc., 28, 80. — *Modèles*, 220 et suiv.

Arrestation d'un prévenu, en cas de flagrant délit, 43.

Arrestations faites par des Appariteurs de police, 149.

Arsenaux; reçoivent les armes hors de service, 10.

Artifice (défense de tirer des pièces d'), 81, 83, 153, 155.

Artiste vétérinaire; devoirs, 112.

Ateliers à odeur insalubre ou incommode, 108 et suiv. — *Modèle*, 238.

Aubergistes, Logeurs et Loueurs de maisons garnies, 151, 156, 168.

Avancement des Gardes-champêtres, 20.

## B.

Bacs et bateaux de passage, 131 ; — Excès de chargement ; — mauvais état du bac. — *Modèle*, 260.

Ban des vendanges, 75, 156.

Barrage dans les rivières et cours d'eau navigables, défendu, 99.

Barrage dans un ruisseau. — *Modèle*, 264.

Bateliers ( obligation des ) pour souffrir la visite de leurs bateaux, 101.

Bâtimens menaçant ruine, 83, 153, 162, 164. — *Modèle*, 231.

Battues générales contre les animaux nuisibles, 94. — *Modèle*, 235.

Bayles et Gardes-chaussées, pour les rives du Rhône, 129.

Bois communaux ; on y loue le droit de chasse, 87.

Boissons falsifiées ( débit de ), puni, 159, 161.

Bornage autour des places fortes, 146.

Braconnage commis par un Garde – champêtre ( fait de ), 88.

Bris de branchages. *Modèle*, 208.

Bureaux des douanes, 53.

Bureau de vérification des poids et mesures, 65.

## C.

Cadastre, 63.

Cafés et cabarets (les officiers de police peuvent toujours entrer dans les), 168.
Calendriers (concordance des deux), 262 et suiv.
Canal des deux mers, d'Orléans et du Loing, 129.
Canaux ou contre-fossés navigables (pêche des), 101.
Carrières (surveillance des), 134.
Cartes à jouer, 62.
Caution pour des chevaux mis en fourrière, 250.
Chanvre dans les fours ou dans les cheminées (défense de faire sécher le), 81.
Chasse, 84, 177. — *Modèle*, 233.
Chaussées du Rhône, 129.
Chemins (visite des), 81, 152.
Chemins communaux, 117 et suiv. — *Modèle*, 242.
Chemins de halage, 120, 130.
Chevaux atteints ou soupçonnés de morve ou autre maladie contagieuse, 112.
Chevaux pâturant en délit. *Modèle*, 190.
Chevaux et poulains en pâture dans les prés mis en réserve, après la première récolte. *Modèle*, 192.
Cimetières et lieux d'inhumation, 110.
Circulation (la) des grains est entièrement libre en France, 104.
Clameur publique, 43.
Classement et produit imposable des propriétés cadastrées, 64.

Claveau, maladie épizootique des moutons, 112.

Clôture non sujette à la garde-champêtre, 21.

Clôture de la chasse, 86.

Clous à tête de diamant pour les roues, 122, 258.

Coalition entre les détenteurs des grains et autres denrées, 105.

Colle-forte (fabrique de), 109.

Colportage du tabac, prohibé, 57.

Colporteurs, porteurs de faux poids et mesures, 188.

Commissaire de police dans les villes de 5000 âmes et au-dessus, 45 etc., 147, 166.

Commission des Gardes-champêtres, délivrée par le Sous-Préfet, 6; — des Appariteurs, 149.

Condamné évadé (arrestation d'un), 25, 27.

Conducteurs des ponts et chaussées, 133.

Conduite d'individus arrêtés, non payée, 24.

Confiscation d'armes, 9.

Conseil de préfecture. Compétence en matière de chemins communaux, 118; — pour extraction de matériaux destinés aux travaux des routes, 261; — de grande voirie, 121; — de police du roulage, 122; — pour les chaussées du Rhône, 129; — pour les digues et travaux de desséchement, 130; — pour les contraventions aux lois sur les constructions près des villes et places fortes, 137 et suiv.

Conseil municipal (le) approuve le choix des Gardes-champêtres, fait par le Maire, 4; — fixe le salaire annuel, 21; — peut faire un réglement sur le ban des vendanges, 76; — n'est pas consulté sur le choix des Gardes particuliers, 173; — est entendu pour leur destitution, 176.

Conseil municipal doublé, 22.

Conseiller municipal (un) ne peut être Garde-champêtre, 6.

Constatation (la) d'un délit ou d'une contravention est indispensable, 15.

Contestation sur le droit de passage à un bac, 133.

Contributions indirectes, 56. — *Voyez* Tabacs, bacs, etc.

Cordon sanitaire, en cas d'épizootie, 114, 115.

Cour royale, prononce sur les accusations portées contre les Gardes-champêtres, 13.

Cours d'eau (police des), 127.

Crieur public, 172.

Culture du tabac, 57 et suiv.

## D.

Date (l'indication de la) doit être précise dans un procès-verbal, 178.

Délai pour l'enregistrement des procès-verbaux, 35; — pour l'affirmation, 36; — pour la remise des procès-verbaux, 40.

Délégation de l'adjoint municipal pour la police, 17.

Délinquant; sa présence à l'affirmation d'un acte est inutile, 38.

Délits commis par les Gardes-champêtres, 12, 88.

Délits de chasse, définition, 84 et suiv. — *Modèle,* 233.

Délits de pêche, 98 et suiv.

Délits en matière de poids et mesures ( cas où il y a ), 187.

Délits forestiers, 49.

Délits qui attentent à la conservation des récoltes, 1, 41. — Voir divers *modèles.*

Dénonciation de délits ou contraventions, 45, 48, 51, 88, 113.

Départemens où la culture du tabac est permise, 59.

Déplacement des Gardes-champêtres ( indemnité de ), 23.

Dépôt d'immondices ou de fumier, 119.

Désarmement des chasseurs, défendu aux Gardes-champêtres, 87, 233.

Déserteurs et réfractaires (arrestation de ), 25 et suiv., 80.

Destitution des Gardes-champêtres, 9, 19, 55, 88.

Destruction de plantation de tabac par le planteur lui-même, 60. — *Modèle,* 183.

Devins et pronostiqueurs, punis, 163.

Digues et travaux de desséchement, 130.

Diligences ou voitures publiques, 123.

Directeur des contributions directes, rédige le rôle des Gardes-champêtres, 22.

Directeur des fortifications, 145.

Divagation des fous ou des furieux, ou des ani-

maux malfaisans ou féroces, 159, 162, 164.
— *Modèle*, 225 ; — des bêtes malades dans les
pâturages communs, 114.
Domestiques des hôtelleries, 157.
Dommages aux propriétés mobilières d'autrui,
punis, 162, 164.
Dommages non constatés. Responsabilité des
Gardes-champêtres, 10.
Dommages-intérêts pour blessures, 226.
Dommages causés par les eaux d'un moulin.
*Modèle*, 257.
Dons reçus par un Garde-champêtre. Punition, 14.
— Arrêt de la Cour d'assises de la Vendée,
cité, 277.
Douanes, 51 et suiv., 182. — Surveillance des
moulins dans la ligne des douanes, 107.
Drogues pour enivrer le poisson ou le détruire.
Usage prohibé, 99.
Droit de capture, 149.
Droit sur le permis de port d'armes de chasse,
89.
Droits en suspens pour timbre et enregistrement,
33, 34.

## E.

Éboulement de terres, 135.
Échenillage des arbres, haies, etc., 18, 73, 154.
— *Modèle*, 217.

Éclairage des voitures publiques, 124 ; —des rues, 153, 162, 166.

Écluse établie sans autorisation, 127.

Écrits contraires aux mœurs (saisie des), 161.

Empiétement des racines des arbres et des haies sur les chemins, 119.

Empoisonnement des loups, 95 et suiv.

Empreinte du timbre du papier ne doit pas être couverte d'écriture, 175.

Enclos de vignes, commun à plusieurs propriétaires, 76.

Enfouissement des animaux morts, 115.

Engins de pêche, prohibés, 99.

Enlèvement de bornes, 119.

Enlèvement de terres dans un pâtis communal, 119. — *Modèle*, 212.

Enrayer (machine à), 124.

Enregistrement de l'acte de prestation de serment d'un Garde-champêtre, 7, 174 ; — des procès-verbaux et rapports, 34 ; —en débet, 35, 121 ; — dans quel cas l'enregistrement d'un procès-verbal est payé comptant, 175 ; —non exigé pour les actes des Appariteurs, en quel cas, 165.

Entrepreneur des travaux des routes, 260.

Épée en bâton, arme prohibée, 91.

Épizooties ou maladies du bétail, 112 et suiv.

Essieux (longueur des), 122, 257.

Établissemens ou usines à odeur incommode ou insalubre, 108. — *Modèle*, 238.

Étangs ou réservoirs. Définition, 100.

État sanitaire des troupeau . Surveillance, 113.

Étrangers ( surveillance des ), 79, 151, 156, 168.

Excavation dans les rues et places, 153, 162, 164. — *Modèle*, 223.

Excès de chargement des voitures, 122, 257 ;— d'un bac, 266.

Excès de pouvoir des Tribunaux, lorsqu'ils créent des nullités, 11.

Excès de pouvoir d'un Garde-champêtre, pour arrestation, 43.

Exhalaisons insalubres, 154.

Exhibition du permis de port d'armes de chasse, 89, 93 ; — de la patente, 106.

Exhumations non autorisées, 110.

Expertise cadastrale, 64.

Experts appelés lors des contraventions de police municipale, 148.

Exploitation des mines et minières, 134.

Exportation des grains, farines et légumes secs, 106.

Extraction de matériaux pour les routes. *Modèle*, 260.

## F.

Fermier (un) peut avoir un garde particulier, 173.

Fermiers de la pêche, 99, 130, 131.

Fêtes et dimanches ( célébration des ). Exception, 71.

Feu. Défense d'en allumer à certaines distances des bois et forêts, des habitations, vergers, meules, etc., 74, 81, 82. — *Modèle*, 227.

Filets de pêche, prohibés, 99.

Filets de pêche. Terrain pour les retirer et les assécher, 131.

Flagrant délit. Définition, 43, 150.

Foi en justice ( les procès-verbaux font ), 38, 39 et suiv., 84, 174, etc.

Foires et marchés, en cas d'épizootie (surveillance des), 113.

Fonds commun des amendes de police correctionnelle, 32.

Forçats libérés (surveillance des), 79.

Force publique (réquisition de la ), 4, 17, 49, 56.

Forfaiture des Gardes-champêtres, 13, 14; — en matière de douanes, 55.

Fosse séparée dans les cimetières, 110.

Fosse pour les bestiaux, 115.

Fossés communs comblés, 128. — *Modèle*, 200.

Fossés ouverts sur le terrain appartenant à la voie publique, 117.

Fossés des grandes routes, 120.

Fourrière d'animaux trouvés en délit (mise en), 70, 179, 202, 249.

Fours (visite des), 81, 152.

Fous ou furieux (divagation des), 159, 162, 164.

Frai (durée du), temps prohibé pour la pêche, 98.

Francs-bords des rivières, 120, 130.

Fruits appartenant à autrui, 154.

Fusées, pièces d'artifices, 81, 83, 153, 155.

Fusil de guerre ( permission de porter un ), accordée aux Gardes-champêtres, 9.

Fusil à vent, fusil brisé par la crosse ou par le canon, armes prohibées, 92.

## G.

Galériens évadés, 25 ; — libérés, 79.

Garanties données par la loi aux Gardes-champêtres, 16, 151 ; — aux Gardes particuliers, 174.

Garde d'une récolte saisie sur pied, 25.

Gardes-chasse, 176.

Garde-forestier, peut être Garde-champêtre, 4.

Gardes-forestiers (relations des Gardes-champêtres avec les), 49 ; — la chasse leur est interdite, 88.

Gardes des fortifications. Attributions, 138 et suiv.

Garde des vignes, 75 et suiv.

Garde nationale ( les Gardes-champêtres sont dispensés du service de la ), 10 ; — concourt à l'arrestation des déserteurs, 26 ; — concourt à maintenir la libre circulation des grains, 104 ; — concourt à former un cordon sanitaire, en cas d'épizootie, 114.

Gardes particuliers, 173 à 177.

Gardes-pêche, 50, 98 à 103.

Gardien judiciaire, en quel cas, 42, 68.

Gendarmerie, 20, 27, 46, 221, etc.

Géomètre du cadastre, 63.

Gerbes enlevées nuitamment. *Modèle*, 209.

Glanage défendu, en quel cas, 154, 155. — *Modèle*, 215.

Grains (libre circulation des), 104 et suiv. ; — (commerce des), 105 et suiv.

Grapillage défendu, 77, 154, 155, 215.

Gratifications pour arrestations de déserteurs, etc., 26 ; — pour arrestations de colporteurs ou fraudeurs de tabac, 58 ; — pour avoir constaté des délits de chasse ou de permis de port d'armes de chasse, 87.

Gravures contraires aux mœurs (saisie de), 161.

Greffier de la justice de paix, mentionne la prestation de serment sur la commission d'un Garde-champêtre, 8.

## II.

Haies à écheniller, 18, 73, 154, 217.

Halage (chemins de), 120, 130.

Huissiers (aide et main-forte aux), 67, 149.

## I.

Illettrés (individus), 180, 266.

Immondices jetés, 155, 159, 167.

Incendies, 80, 160.

Incompatibilité de fonctions, 6.

Indemnités de déplacement, 23.

Indicateurs pour l'arpentage parcellaire, 63 ; — pour l'expertise cadastrale, 64.

Ingénieurs des ponts et chaussées. Leur surveillance pour les bacs et bateaux, 133 ; — extraction de matériaux, 262.

Inhumations (police et surveillance des), 110, 111.

Injures, punies, 154 ; — verbales, 213.

Inondations, 200, 259.

Inscription de faux, inutile contre les procès-verbaux des Gardes-champêtres, 39, 84.

Inscription des étrangers, dans les auberges, sur un registre spécial, 151, 156, 168.

Insignes des Gardes-champêtres, 8 ; — des Appariteurs, 148.

Intendant militaire. Fait payer la gratification pour arrestation de déserteur, 27, 221.

Interprétation d'un acte en langue étrangère, quand un individu ignore le français, 180, 201, 205.

Interruption de six mois pour un atelier à odeur insalubre ou incommode (effet de l'), 108.

Interruption des bacs et bateaux, en quel cas, 132.

## J.

Jantes larges exigées, 122, 253 à 259.

Jet de pierres ou autres corps durs, puni, 162, 164.

Jeux de loterie ou autres jeux de hasard, défendus, 158.

Juge-de-paix (le) a la police des campagnes, 2 ;

— reçoit le serment des Gardes-champêtres, 7, 22 ; — des Appariteurs de police, 147 ; — des Gardes particuliers, 174 ; — constate le séjour forcé en route, 24 ; — reçoit l'affirmation des procès-verbaux, 36 ; — sa présence nécessaire, en quel cas, 42 ; — reçoit les procès-verbaux constatant les contraventions en matière de poids et mesures, 189. — etc.

## L.

Laissez-passer pour la circulation des tabacs, 58.

Lanternes en cas d'excavation sur la voie publique, 223.

Lanternes fermées ( usage des ), prescrit, 82.

Lanternes attachées aux voitures publiques, 124.

Libre circulation des grains, 104.

Ligne flottante ( pêche à la ), 98.

Lin ( séchage, broyage, etc., du ), 81.

Logeurs. Ont l'obligation de tenir un registre pour l'inscription des étrangers, 151, 156, 168.

Loterie ( jeux de ), défendus, 158.

Louveterie, 93 et suiv., 235.

Louvières ou piéges à loups, 95, 97.

## M.

Main-forte réclamée par un Garde-champêtre, 44 ; — par la gendarmerie, 46 ; — par les Gardes-forestiers, 49 ; — par les préposés des douanes, 51 ; — aux Huissiers, 67, 149.

Maire, chargé de faire jouir les habitans des avantages d'une bonne police, 1, 2, 147; — choisit
les Gardes-champêtres, 4; — reçoit les plaintes
contre eux, 13; — a les Gardes-champêtres
sous ses ordres, 17; — consulté sur l'avancement des Gardes-champêtres, 20; — reçoit l'affirmation des procès-verbaux, 36, 121, 174;
— sa présence nécessaire, en quel cas, 242;
— fait écheniller aux frais des négligens, 75; —
accorde la permission d'entrer dans les vignes
mises en ban, 77; — choisit les Gardes des vignes,
77; — ordonne la démolition des bâtimens menaçant ruine, 83, 153, 162, 164, 231; — peut
demander l'exhibition des permis de port d'armes
de chasse, 89; — doit assurer la libre circulation des grains, 104; — a l'autorité, la police et la surveillance sur les cimetières, 110;
— sur les épizooties, 112; — reçoit les procès-
verbaux en matière de police de roulage, 122;
— en matière d'établissemens à odeur incommode ou insalubre, 109; — pour les chemins
communaux, 117; — surveille les passages d'eau,
131 et suiv.; — prononce provisoirement et
sans frais en matière de police du roulage, 255;
— assiste, d'après la demande des officiers du
génie, aux opérations concernant les zônes de
servitude autour des places fortes, 145; — choisit
les Appariteurs de police et les dirige, 147 et
suiv.; — désigne les afficheurs, 172, etc.

Mandats délivrés par le Maire, pour le salaire des Gardes-champêtres, 22.

Mandemens de justice (exécution des), 149, 160.

Manufactures à odeur incommode ou insalubre, 108. — *Modèle*, 238.

Marche-pieds, 130.

Matériaux déposés sur la voie publique, 153, 224.

Mendicité, 78.

Mesures (fausses), 163 et suiv. — *Modèle*, 185.

Mesures (nouvelles), 65.

Mines et minières (surveillance des), 134.

Modèle d'acte d'affirmation, 38.

Modèles de rapports d'Appariteurs de police, 166 et suiv.

Modèles de procès-verbaux et rapports de Gardes-champêtres, 182 à 271.

Monnaies nationales (refus des), puni, 168.

Morve (chevaux atteints ou soupçonnés de), 112.

Moulins à farine, situés à l'extrême frontière (police des), 107.

Moulins, pour la hauteur des vantileries (surveillance des), 128, 257.

Mutilation d'armes, défendue, 9.


## N.


Nettoyage des rues et passages, 153.

Nomination (mode de) des Gardes-champêtres, 4;

— des Gardes particuliers, 173 ; — des Appariteurs de police, 147 ; — des Afficheurs, 172.
Nullité ( cas de ) des procès – verbaux, doivent
être déterminés par les lois, 11 ; — en cas de
non – enregistrement d'un acte, 36 ; — pour
affirmation devant un Conseiller municipal, 37,
etc.

## O.

Octroi, 61.
Odeur insalubre ou incommode (établissemens à),
108 et suiv. — *Modèle*, 238.
Officiers de gendarmerie, consultés sur les Gardes-
champêtres, 20 ; — certificat d'arrestation de
déserteur, 27 ; — ne sont pas exempts du permis
de port d'armes de chasse, 91.
Officiers de louveterie, 93.
Officiers de police judiciaire (les Gardes–cham-
pêtres sont), 2, 3, 13, 41, 44, 105. — ( Les
Appariteurs ne sont pas ), 147.
Officiers du génie, 137 et suiv.
Outrages aux Gardes-champêtres, 16, 151, 213 ;
— aux Appariteurs de police, 151.
Ouverture de la chasse ( Arrêté qui fixe l' ), 86.

## P.

Paille ( toitures en ), peuvent être interdites, 81.
Papier libre ( mandat de salaire écrit sur du ), 22.

Papier timbré ou visé pour timbre, pour les pro-
    cès-verbaux et autres actes, 33, 120.
Papier timbré, ne peut servir que pour un seul
    acte, 175.
Parcours et vaine-pâture, 72, 192.
Parcours et vaine-pâture avant le temps permis.
    *Modèle*, 194.
Parens ( un Garde—champêtre peut instrumenter
    contre ses propres ), 198.
Passage de voitures et de chevaux à travers les
    récoltes. *Modèle*, 202.
Patente exigée des marchands de grains et farines,
    106.
Pâtres interrogés sur l'état sanitaire des troupeaux,
    113.
Pays-Bas (cartel d'extradition pour les déserteurs,
    entre la France et les), 29, 30.
Pêche (police de la ), 98 et suiv.
Permis de port d'armes de chasse, 87, 89 et suiv.,
    234.
Perquisition d'objets volés, 206.
Piéges à prendre des loups, ou louvières, 95,
    97.
Pistolet à vent, arme prohibée, 92.
Places fortes (zônes de servitude près des), 137;
    —( plan de circonscription des ), 144.
Plaintes contre un Garde-champêtre, 12.
Plantation d'arbres, distance légale, 118.
Plantations de bornes autour des places fortes, 144.

Plaque de métal ou d'étoffe, sert d'insigne aux
   Gardes-champêtres, 8, 178.
Plaque ou médaille des Appariteurs, 148, 170.
Plaque sur les voitures, 122, 203, 253.
Plombage des filets de pêche, prescrit, 101.
Poids et mesures ( nouveaux ), 65.
Poids et mesures ( faux ), 163 et suiv.; — con-
   travention aux lois et réglemens sur leur usage
   exclusif. *Modèle*, 185.
Poignard, arme prohibée, 91.
Police du roulage, 122. — *Modèle*, 253. — Ob-
   servations diverses, 255 à 259.
Police rurale. Définition, 1 ;—récoltes, 71 et suiv.
Police judiciaire. Définition, 2.
Porcheries, établissemens à odeur insalubre, 109.
   — *Modèle*, 238.
Port d'armes de chasse, 88 et suiv., 234.
Port d'armes accordé aux Gardes-champêtres, 9.
Port d'armes non prohibées est' un acte permis à
   tout citoyen, 90.
Portion des amendes en matière de grande voirie
   accordée aux Gardes-champêtres, 31, 121,
   257 ; — en matière de contributions indirectes,
   62, 63.
Poudres à feu, 61.
Poursuites contre les Gardes-champêtres, 11, 12.
Prairies ( mise en réserve des ), 73, 192.
Précautions contre l'incendie à prendre par l'Au-
   torité municipale, 81.

Pré fauché en délit. *Modèle*, 205.

Préfet, approuve l'arrêté de destitution d'un Garde-champêtre, 19; — met les prairies en réserve, 73; — fixe l'époque de l'ouverture et de la clôture de la chasse, 86; — accorde les permis de port d'armes de chasse, 89; — ordonne la formation d'un cordon sanitaire, en cas d'épizootie, 114; — fixe la hauteur des eaux retenues pour les moulins et usines, 259.

Préposé de l'octroi (un Garde-champêtre peut être), 61.

Préposés des ponts à bascule, 257.

Prestation de serment des Gardes-champêtres, 7, 22; — des Gardes particuliers, 174; — des Appariteurs, 147.

Prévarications des Gardes-champêtres, 13, 14, 53, 277.

Prime pour la destruction des loups, 95.

Prime pour l'arrestation des colporteurs et fraudeurs de tabacs, 59; — en matière de poudres à feu, 61; — de mines et minières, 135.

Prises d'eau ou saignées pour l'irrigation des terres, 128.

Procureur du Roi, a le droit de faire poursuivre les Gardes-champêtres, 12, 13, 16, 40, 44; — on lui donne avis des crimes et délits, 49; — il reçoit les procès-verbaux dressés en matière d'établissemens à odeur insalubre ou incom-

mode, 109; — de délits pour les poids et mesures, 189, etc.

Propriétaire (un) peut avoir un Garde particulier, 173; — le renvoyer, 176.

Prusse (cartel d'extradition pour les déserteurs,
entre la France et la), 3o.

Publication du prix des grains, 107.

Publicité des injures et outrages, augmente la
pénalité, 15o.

Puits dans les environs des cimetières, distance à
observer, 111.

### R.

Rapports et procès-verbaux, Timbre; 33; — enregistrement, 34; — de chasse, 84 et suiv.

Ratelage, 154, 155, 215.

Ratures dans un procès-verbal, 181.

Recette pour l'empoisonnement des loups, 96.

Receveur de l'enregistrement, vise pour timbre
le papier des procès-verbaux, 33, 34; — enre-
gistre les actes, 35, 175.

Receveur municipal, paie les mandats délivrés par
le Maire pour le salaire des Gardes-champêtres,
22; — (saisie du 5$^e$ du salaire entre les mains
du), 32.

Récidive des contraventions, punie, 156 à 164.

Récoltes (conservation des), 1, 3, 41, 71, 194, etc.

Recrutement (il faut avoir satisfait au) pour pouvoir être Garde-champêtre, 5.

Réfractaires (soldats), 25, 80.

Régie des contributions indirectes. Attributions, 56.

Registre des rapports sur les délits de chasse, tenu au secrétariat de la mairie, 84.

Registre des aubergistes et logeurs, 151, 156, 168.

Relais et postillons (police des), 124.

Renonciation à l'action civile, 15.

Renversement de terres labourées. *Modèle*, 196.

Renvoi dans un procès-verbal, doit être approuvé en marge, 181.

Répartition de saisies en matière de douanes, 52.

Réserve des prairies (mise en), 18, 73, 192.

Réservoirs et boutiques à poisson (visite des), 102.

Résidence exigée des Gardes-champêtres, 18.

Responsabilité des aubergistes et hôteliers, 151, 156 et suiv., 168.

Responsabilité des Gardes-champêtres pour les dommages non constatés, 10, 219; — en cas de nullité d'un procès-verbal, 36; — en cas de négligence dans les recherches, 219.

Responsabilité des Gardes-pêche, 103.

Responsabilité des pâtres, en cas d'épizootie, 113.

Responsabilité des pères et mères pour les délits de chasse de leurs enfans mineurs, 88, 191, 193.

Responsabilité du propriétaire d'un bâtiment en ruine, 232.

Retardataires (soldats), 25, 80.

Révocation d'un Garde-champêtre, 19; — d'un Garde-particulier, 175.

Rhône ( chaussées du ), 129.
Rôle de cotisation volontaire pour le salaire an-
  nuel des Gardes-champêtres, 22.
Rondes de nuit dans les communes, 81.
Roulage ( police du ), 122. — *Modèle*, 253. —
  Observations diverses, 255 et suiv.
Rouliers et voituriers, doivent céder la moitié du
  pavé aux voyageurs, 126, 158, 160; — doivent
  être à portée de leurs chevaux, 248.
Ruine ( bâtiment menaçant ), 83, 153, 162, 164.
  — *Modèle*, 231.
Ruisseaux et cours d'eau non flottables ni navi-
  gables ( surveillance des ), 128, 264.

## S.

Sable enlevé sur une grande route. *Modèle*, 251.
Sabot pour enrayer les voitures publiques, 124.
Saisie de faux poids et mesures, 164.
Saisie de jeux de hasard et loteries, 161.
Saisie des instrumens aratoires ou autres objets
  ayant servi à un délit, 180.
Saisie de récoltes sur pied, 25, 68 et suiv.
Saisies en matières de douanes, 51 et suiv.; —
  de tabacs, mécaniques et ustensiles, 57; — de
  poudres à feu, 61.
Saisies de filets prohibés, 102.
Salaire annuel des Gardes-champêtres, 21; —
  saisie du cinquième du salaire, 32;

Sardaigne (cartel d'extradition pour les déserteurs, conclu entre la France et la), 29.

Séjour forcé en route, à constater, 24.

Sentier public, usurpé. *Modèle*, 244.

Sépulture (police des lieux de), 110.

Séquestre ou dépôt judiciaire. Définition, 42.

Séquestre de chevaux et voitures, 202.

Sergens de police. *Voyez* Appariteurs.

Serment des Gardes-champêtres, 7, 22; — des Appariteurs, 147, 167; — des Gardes particuliers, 174.

Service militaire (voitures employées au), 256.

Signalement des individus à arrêter, 48; — des délinquans non connus, 179.

Signalement sur le permis de port d'armes de chasse, 89.

Signatures des personnes présentes à la rédaction d'un procès-verbal, 180, etc.

Songes (explication des), escroquerie punie, 163.

Sous-Préfet, commissionne les Gardes-champêtres, 6; — agrée les Gardes particuliers, 173; — prononce leur destitution, 176; — reçoit les plaintes contre les Gardes-champêtres, 13; — autorise la non résidence d'un Garde-champêtre, 18; — prononce leur destitution, 19; — désigne les Gardes-champêtres qui méritent de l'avancement, 20; — donne son avis sur la hauteur des eaux des moulins, 259; — reçoit les procès-verbaux constatant les entreprises ou usurpations sur les chemins communaux, 117; — ceux constatant les contraventions en matière de grande voirie, 121, 252; — de police de roulage, 122; — pour les chaussées du Rhône, 129; — on lui rend compte des procès-verbaux rédigés pour les établissemens à odeur incommode ou insalubre, 109; — pour la police des bacs et bateaux de passage, 121, 271; — pour les extractions de matériaux destinés aux routes, 263; — autorise des traques, 235, etc.

Stilet, arme prohibée, 92.

Suppléant du Juge-de-paix. *Voyez* Juge-de-paix.

## T.

Tabacs en fraude (visite de), 57; —(culture de), — 59; (plantation de) faite en contravention aux lois. *Modèle*, 183.

Tapages injurieux ou nocturnes, punis, 163 et suiv.

Tarif du passage des bacs et bateaux (surveillance du), 132, 271.

Taxe de frais de voyage des Gardes-champêtres, séjour forcé, etc., 23, 24.

Taxe des frais de capture, en faveur des Gardes-champêtres et Appariteurs; en quel cas, 149.

Témoins (Gardes-champêtres entendus comme), 24.

Témoins (dépositions de) en matière de délits de chasse, 84.

Temps prohibé pour la chasse, 86, 177, 233; — pour la pêche, 98.

Terrain ensemencé (passage sur un), 155, 159.

Terrain fouillé pour extraire des matériaux destinés à la réparation et à l'entretien des routes. *Modèle*, 260.

Timbre de la commission des Gardes-champêtres, 7; — des procès-verbaux et autres actes, 33; — des affiches, 172; — des procès-verbaux dressés par les Gardes particuliers, 174.

Toitures des maisons (défense d'employer la paille, etc. pour les), 81.

Tourbières (surveillance des), 134.

Transaction sur délits, défendue aux Gardes-champêtres, 16; — arrêt de Cour d'assises, 277.

Transmission frauduleuse d'un permis de port d'armes de chasse, 90.

Transport des grains hors du royaume, 106 et suiv.

Traques, 94 et suiv. — *Modèle*, 235.

Travaux de la campagne, ne peuvent être interrompus, 71.

Trésor public, reçoit un tiers des amendes de grande voirie, 121, 129, 130.

Tromblons, arme prohibée, 92.

Troupeaux malades (surveillance des), 112.

Troupes de ligne, concourent à former un cordon sanitaire, en cas d'épizootie, 114.

# U.


Usine sur un cours d'eau, 128, 267.
Usines où l'on fait usage du feu (visite des), 152.
Usurpations sur la largeur des chemins communaux, 117. — *Modèle*, 242.


# V.


Vagabonds, incapables d'être Gardes-champêtres, 21; — n'ont pas la permission du port d'armes, 92.
Vaine-pâture, 72, 192.
Valide (mendiant), 78.
Vendange (ban de), 75, 156; — grapillage, 77, 154 et suiv.
Veneur de France (Grand–), 93.
Vente de récoltes saisies sur pied, 69.
Vente d'armes, interdite aux Gardes-champêtres, 9.
Vérificateurs des poids et mesures, 65, 185.
Vétérans, 5.
Vétérinaire, appelé en cas d'épizootie, 112.
Vignes (garde des), 75; — (gaspillage dans les), 77.
Vignes (délits dans les). *Modèle*, 218.
Vins falsifiés (débit de), puni, 159, 161.
Visa pour timbre, 33, 120; — n'a pas lieu pour les actes des Gardes particuliers, 175.
Visa du registre des aubergistes (modèle du), 170.
Visite sémestrielle des bacs et bateaux, 133.

Visites domiciliaires, 42, 179, 206.
Visites dans les boutiques et magasins, pour les poids et mesures, 66; — dans les bateaux, 101; — dans les auberges, 151, 156, 168; — dans les écuries, étables et bergeries, en cas d'épizootie, 112.
Voie publique ( embarras de la ), 153.
Voies de fait envers les Gardes-champêtres, 16, 151; — envers les Gardes particuliers, 174.
Voirie (portion des amendes en matière de grande), 31, 121. — *Modèle*, 251.
Voitures de roulage à jantes étroites, 122, 253 à 259.
Voitures ( excès de chargement des ), 122.
Voitures publiques ( police des ), 123.
Voiturier qui ne se tient pas à portée de ses chevaux. *Modèle*, 247.
Vol de fruits, bris de branchages. *Modèle*, 208.
Voyageurs ( responsabilité envers les ), des aubergistes et hôteliers, 157.

## Z.

Zône de servitude autour des villes et places fortifiées, 137.

## FIN.

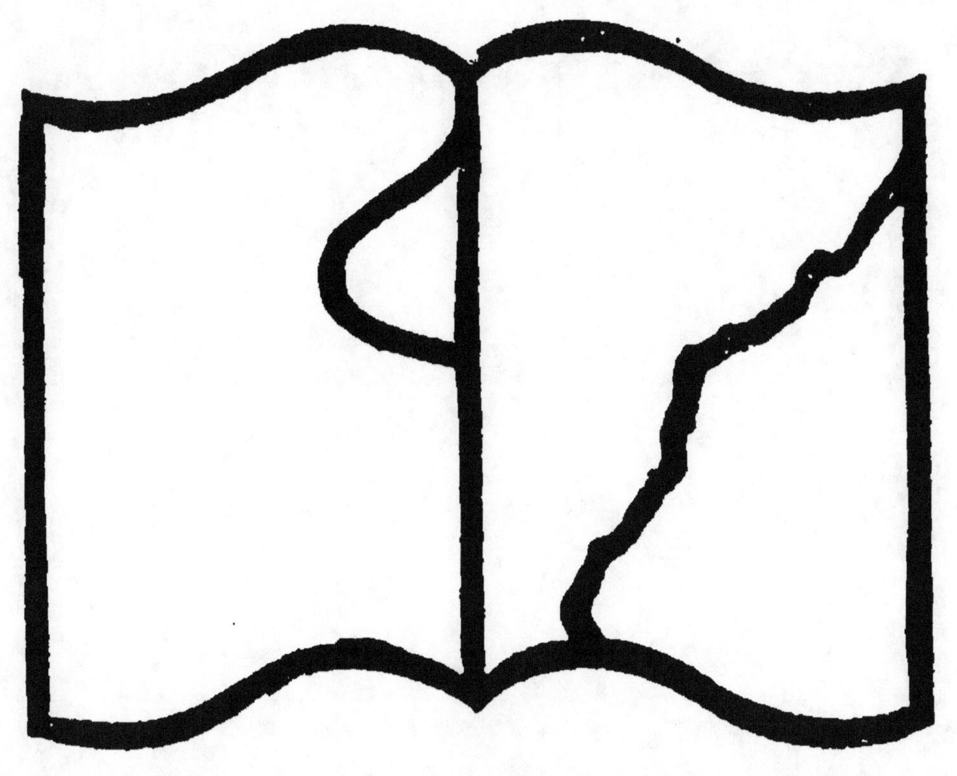

Texte détérioré — reliure défectueuse
NF Z 43-120-11